AF322381

PARALLÈLE

MAISONS DE PARIS

PARALLÈLE

DES

MAISONS DE PARIS

CONSTRUITES

DEPUIS 1850 JUSQU'A NOS JOURS

DESSINÉ ET PUBLIÉ

PAR

VICTOR CALLIAT, ARCHITECTE

DEUXIÈME PARTIE

PARIS

A. MOREL ET Cⁱᵉ, LIBRAIRES-ÉDITEURS

13, RUE BONAPARTE, 13

1876

TABLE DES PLANCHES

TYPOGRAPHIE E. THUNOT ET Cⁱᵉ, A SAINT-GERMAIN.

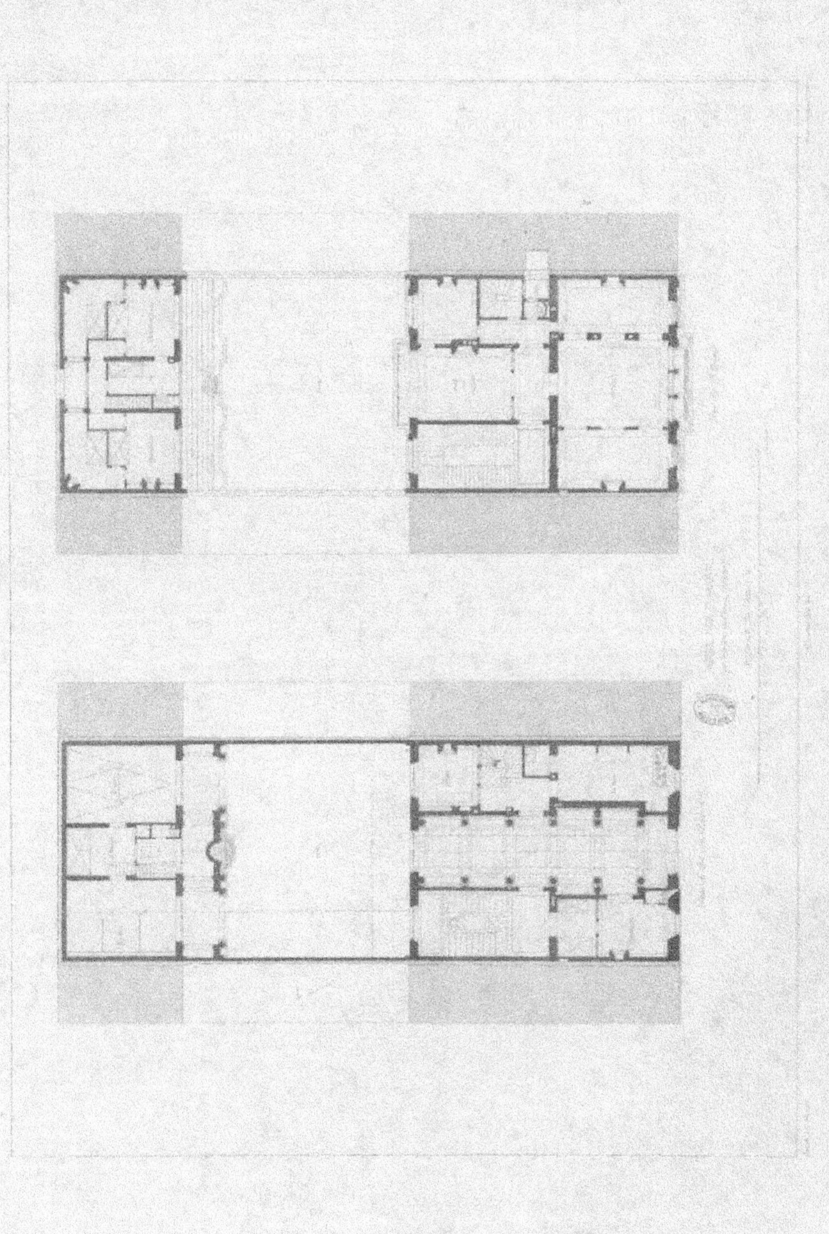

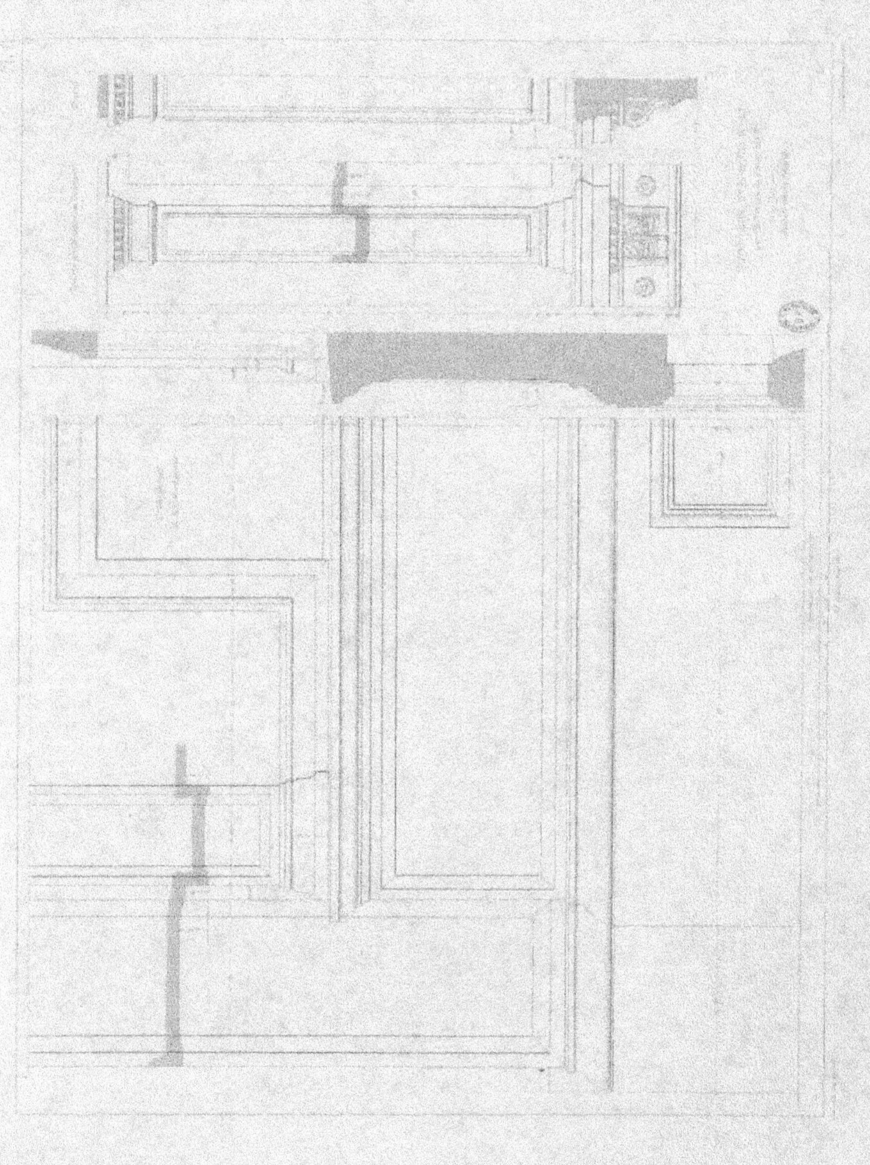

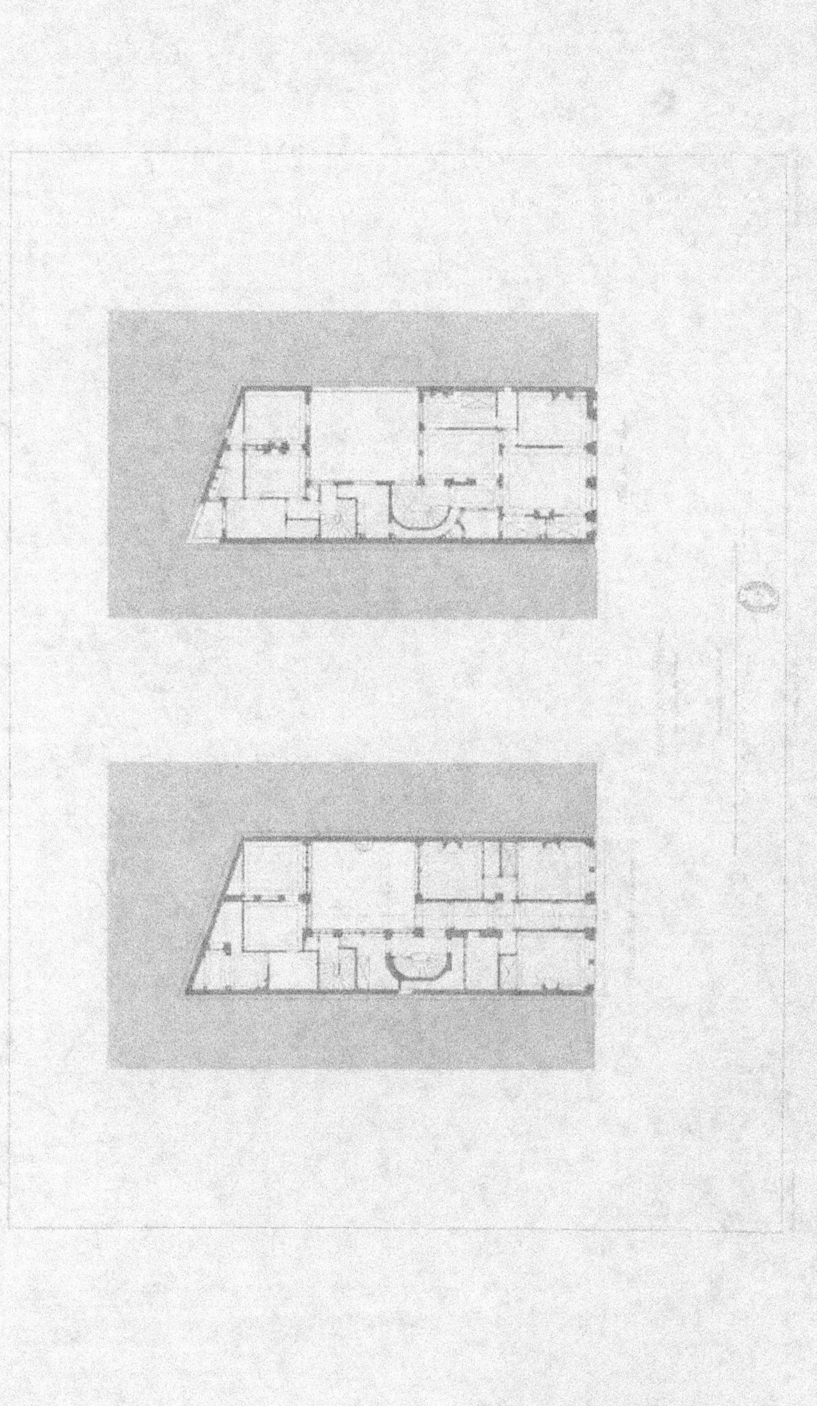

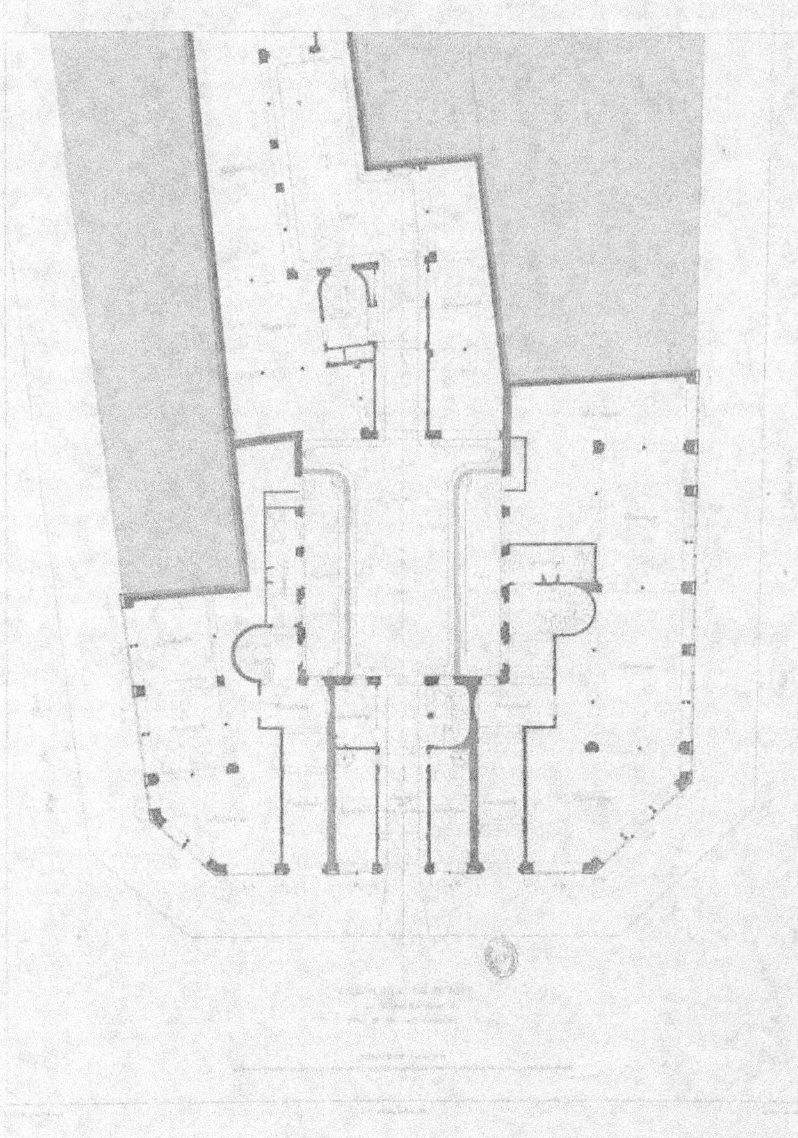

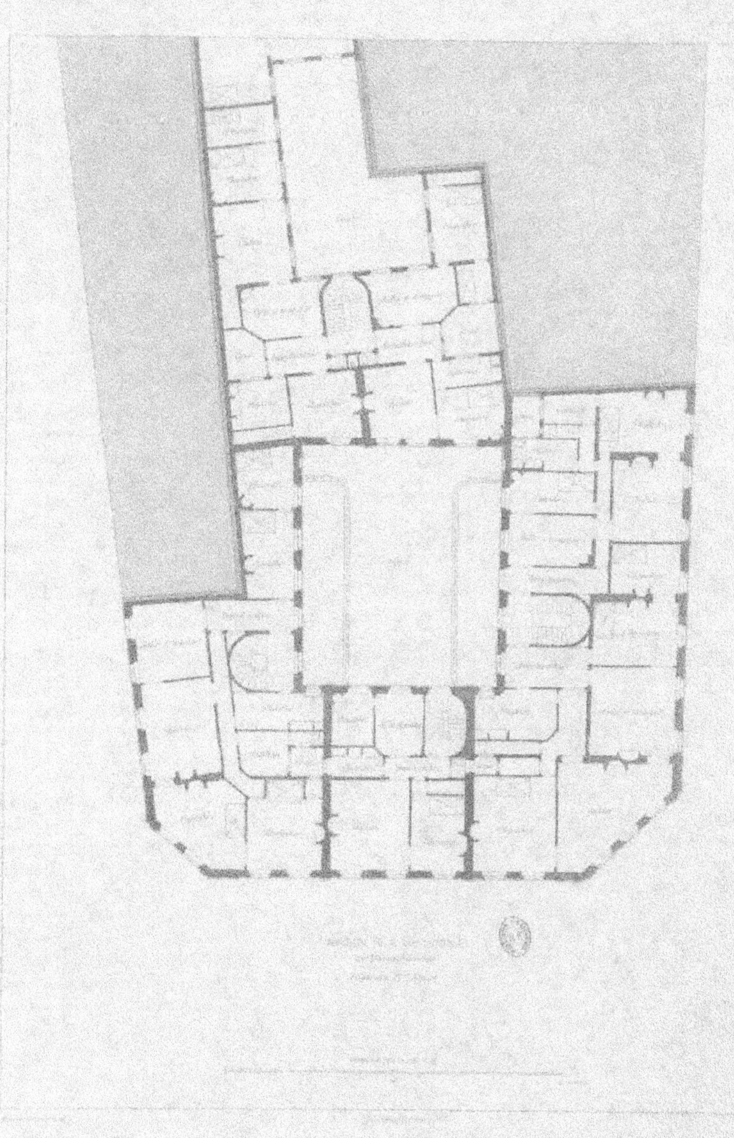

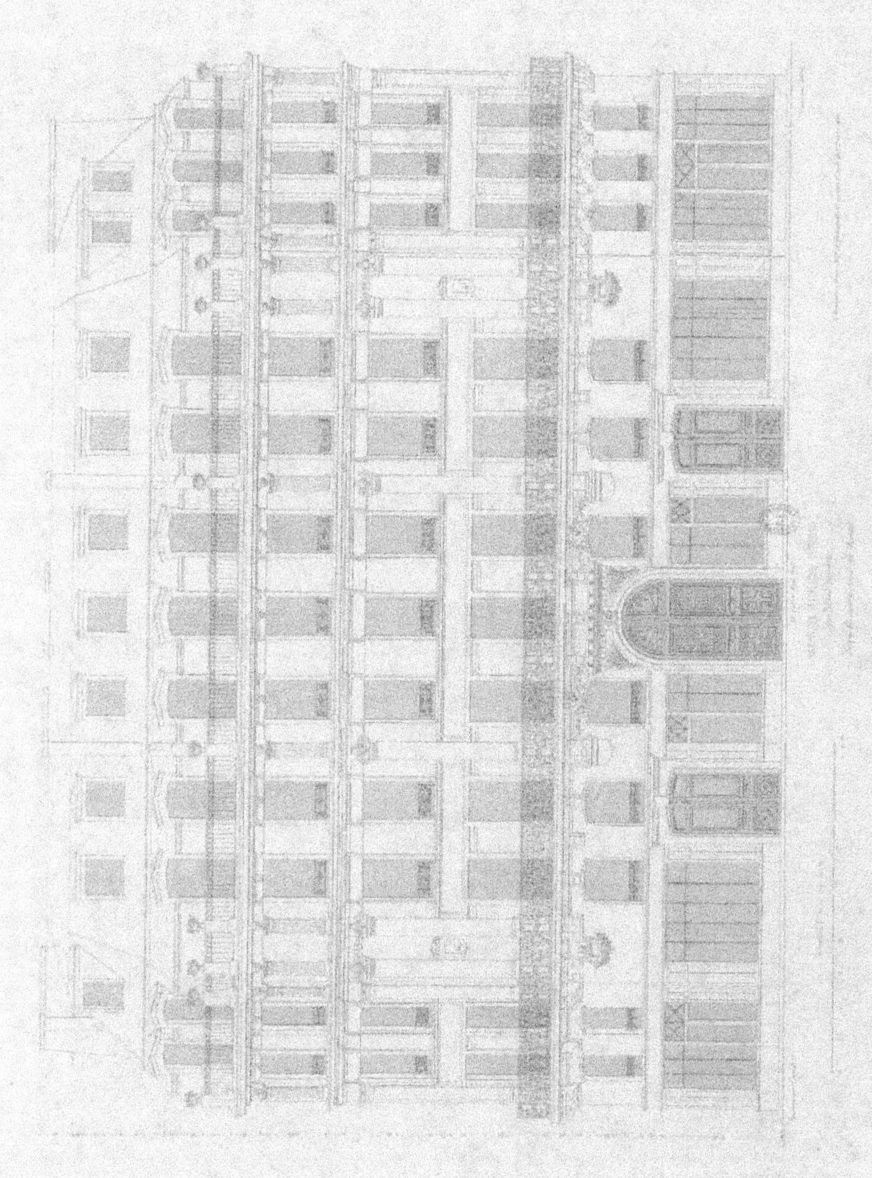

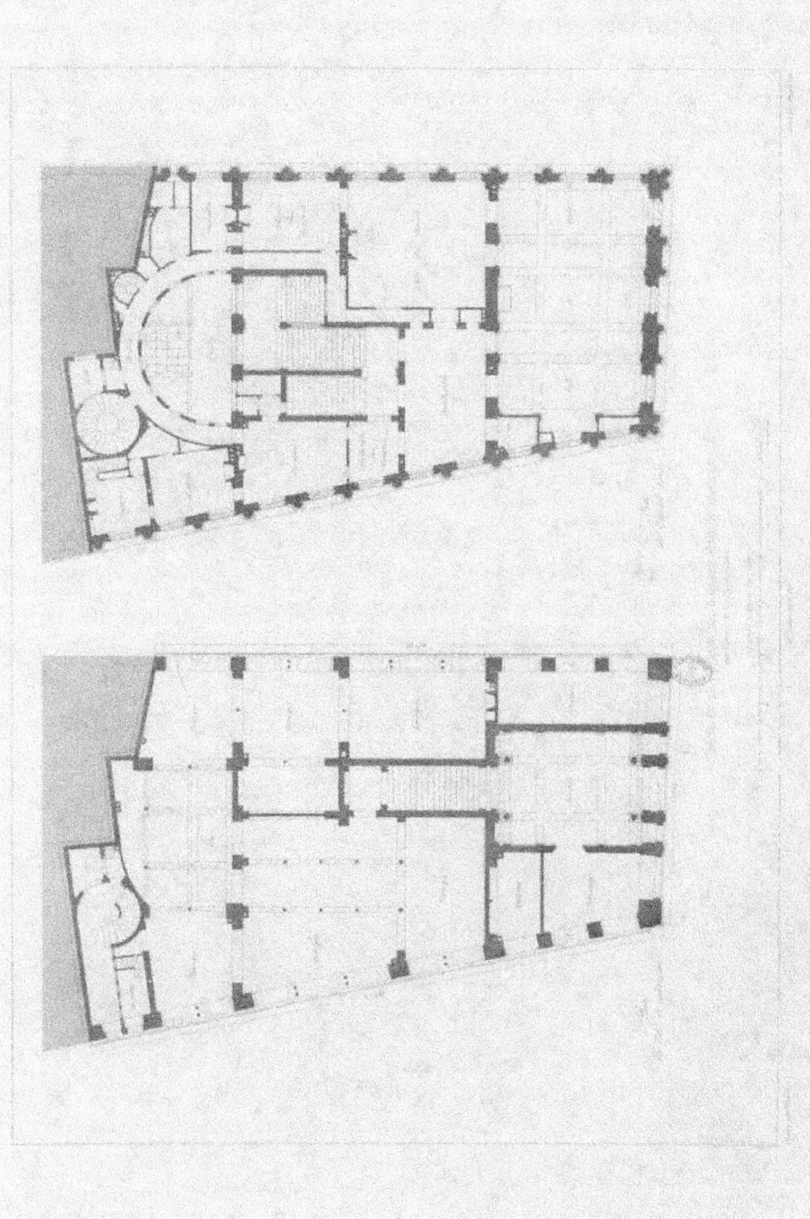

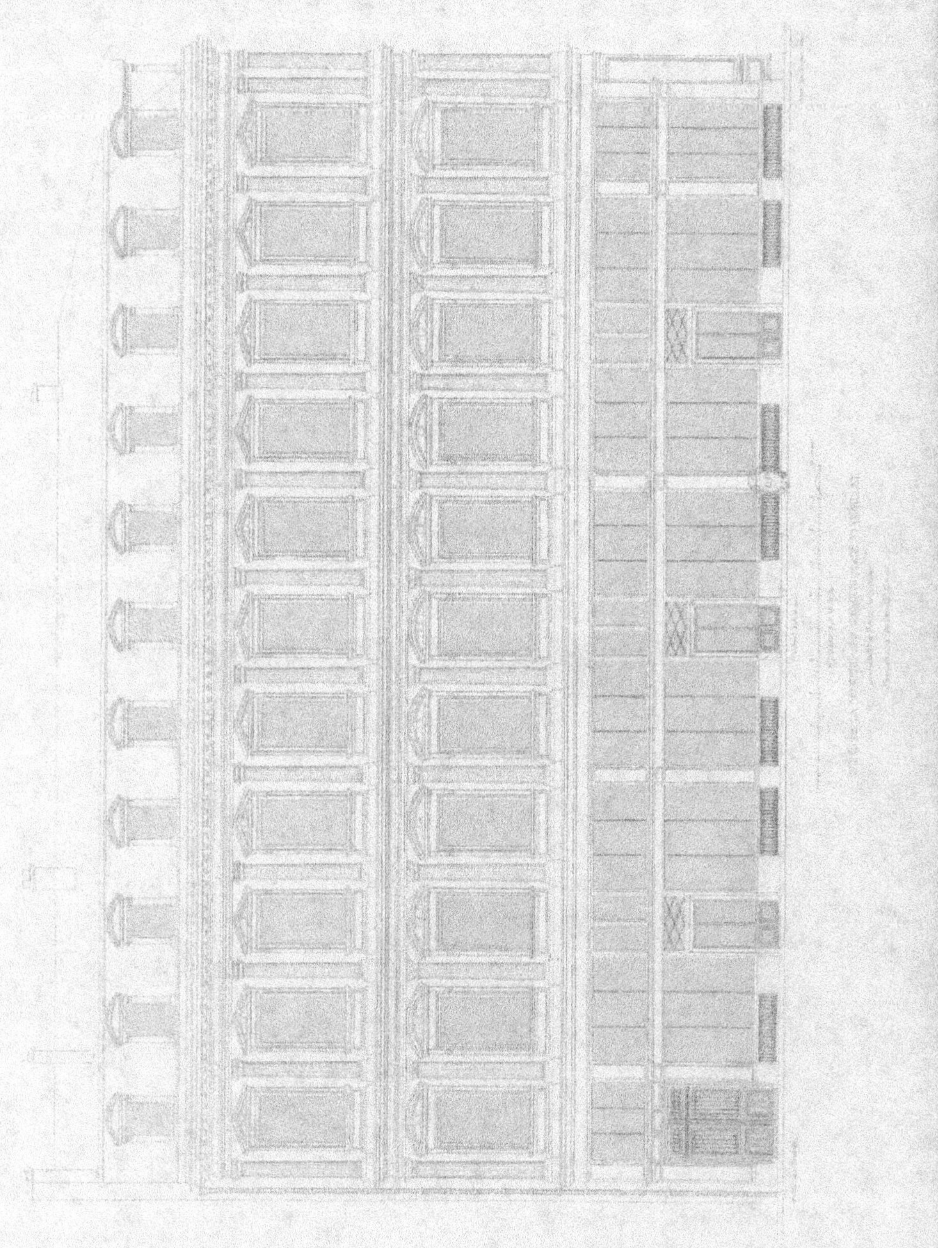

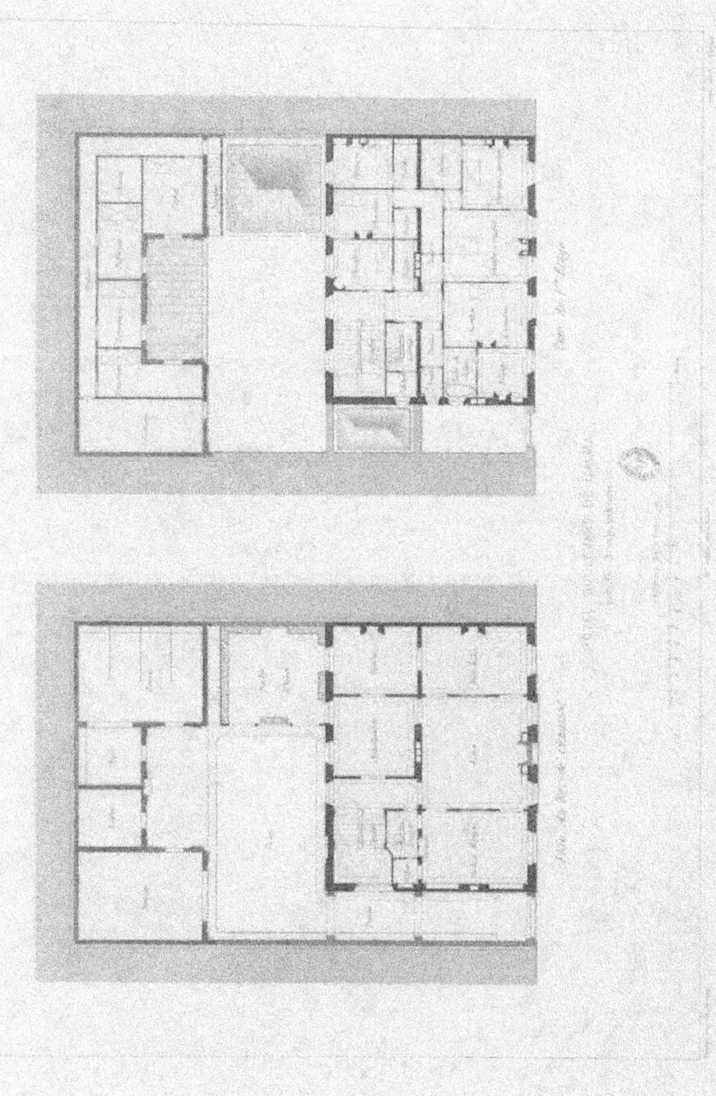

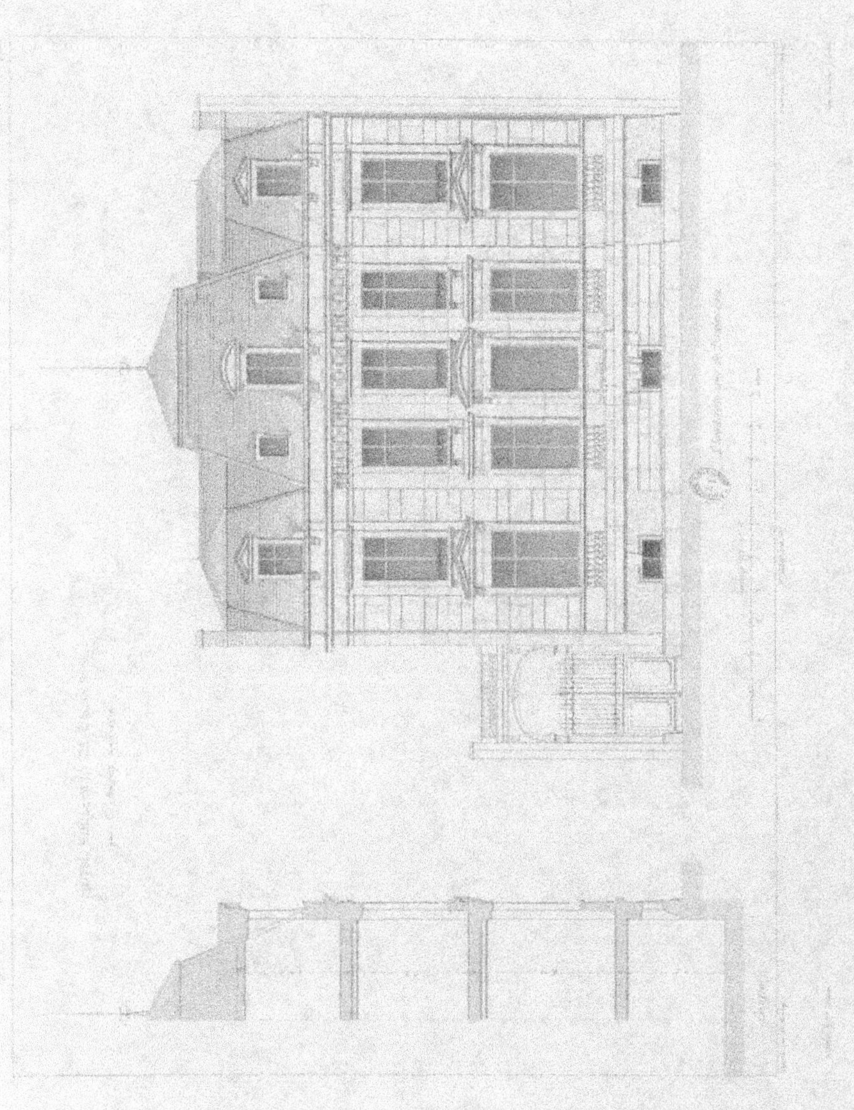

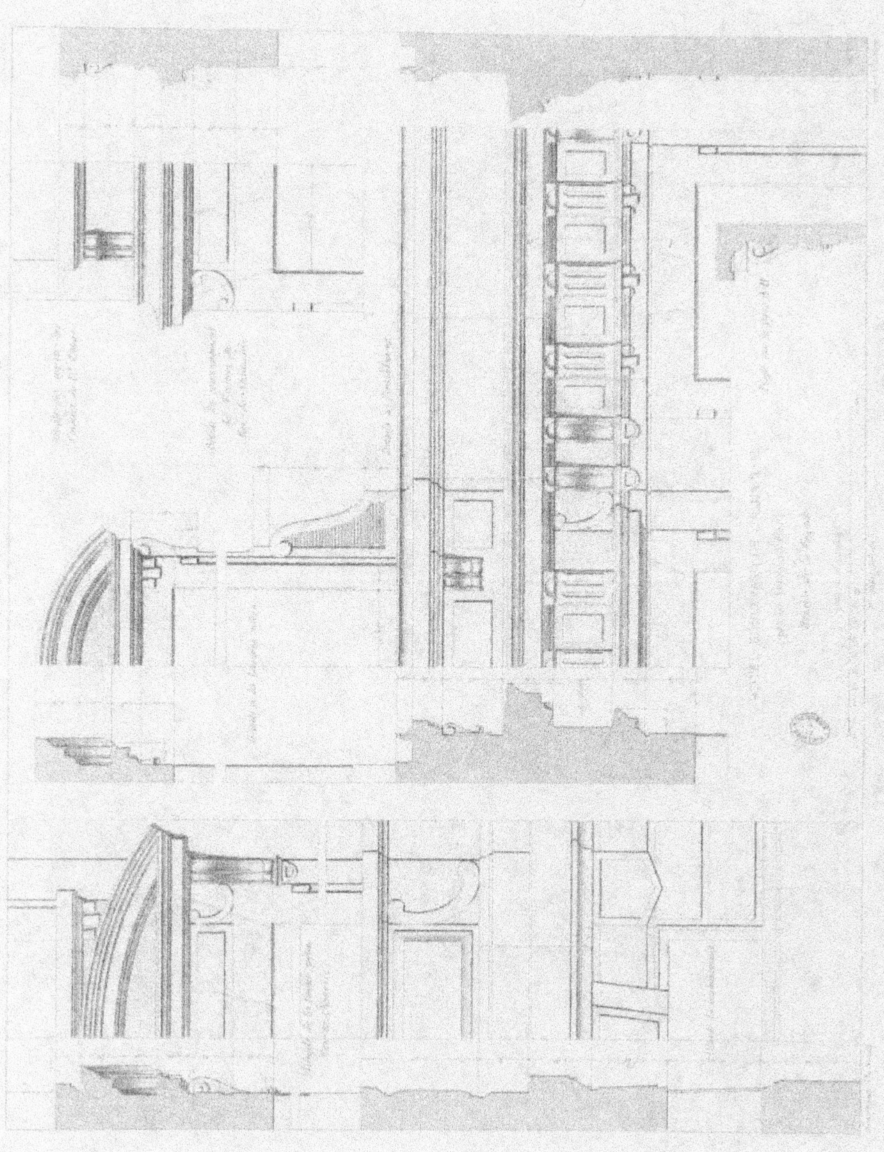

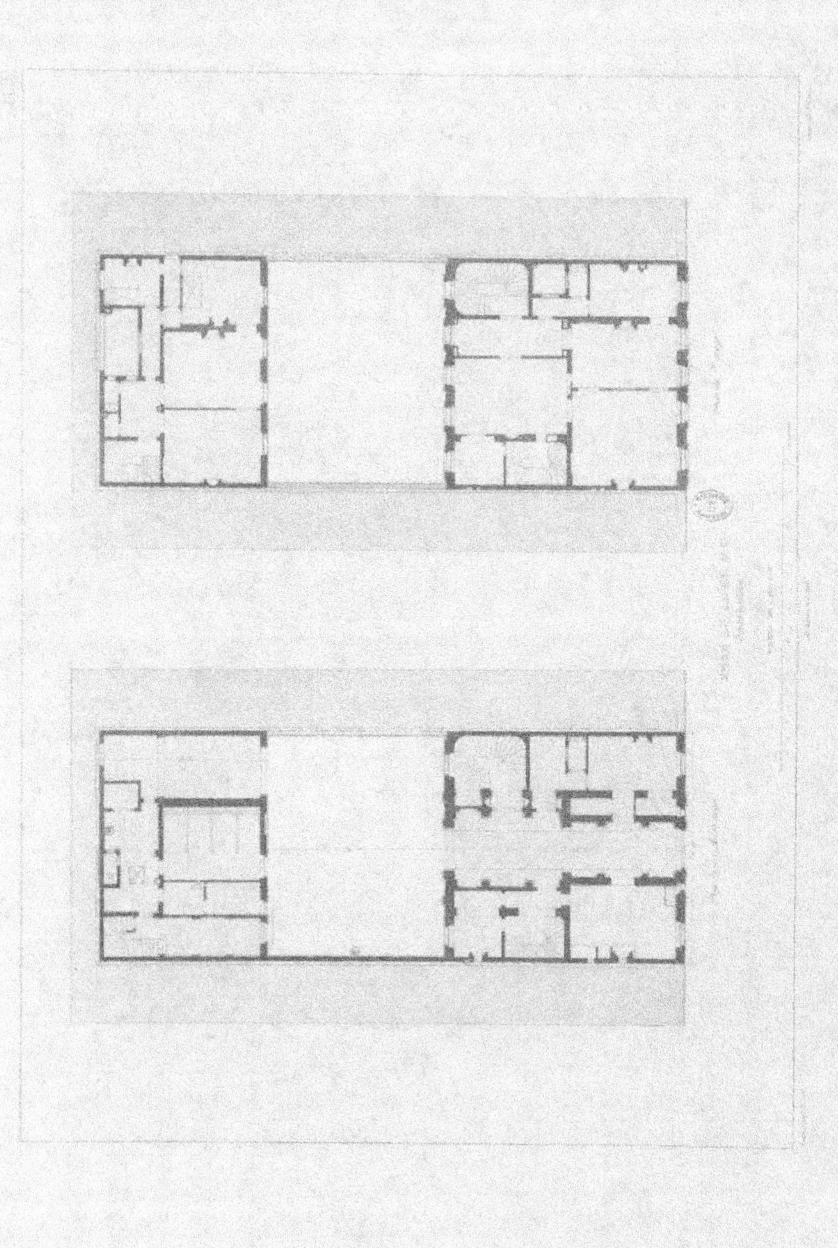

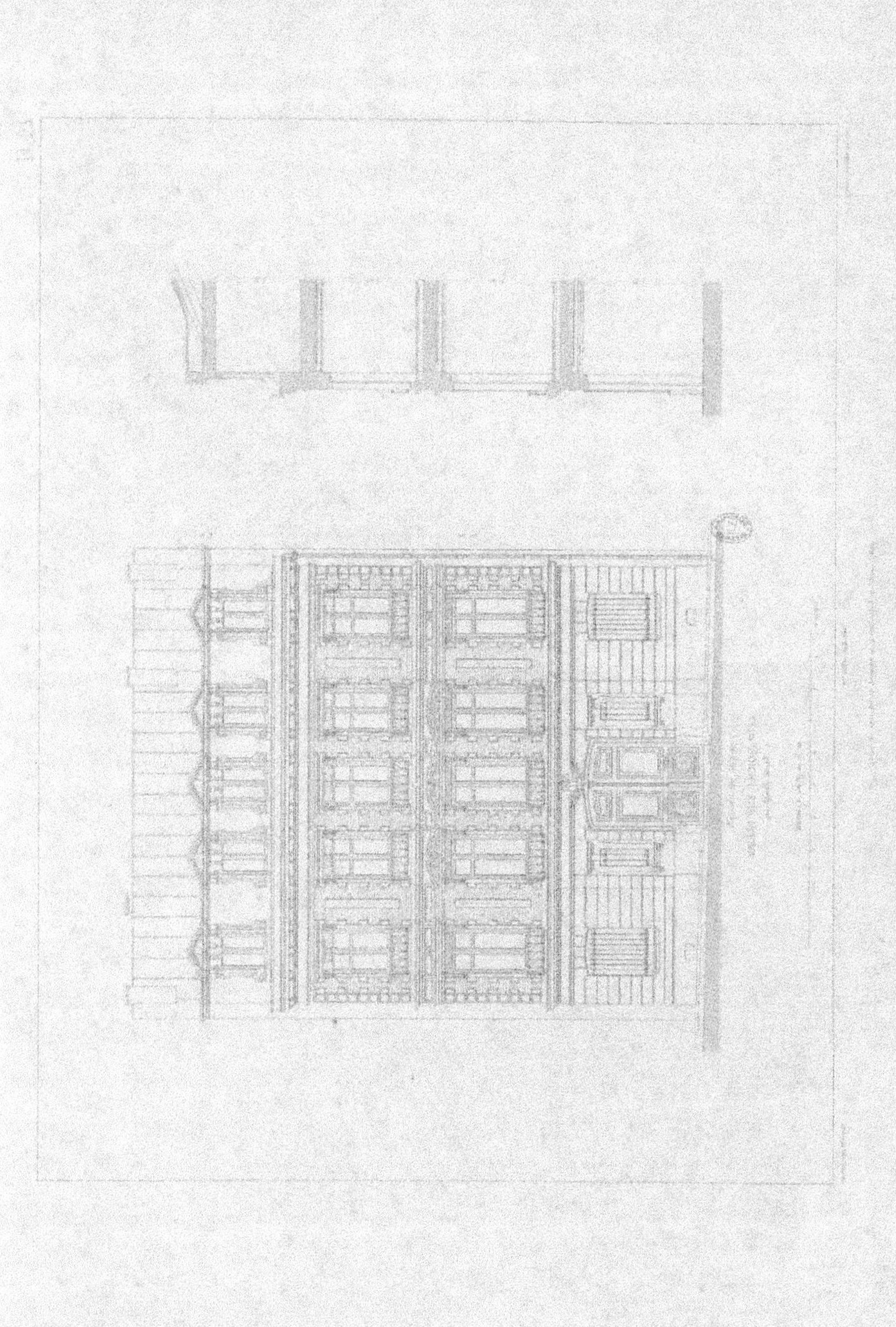

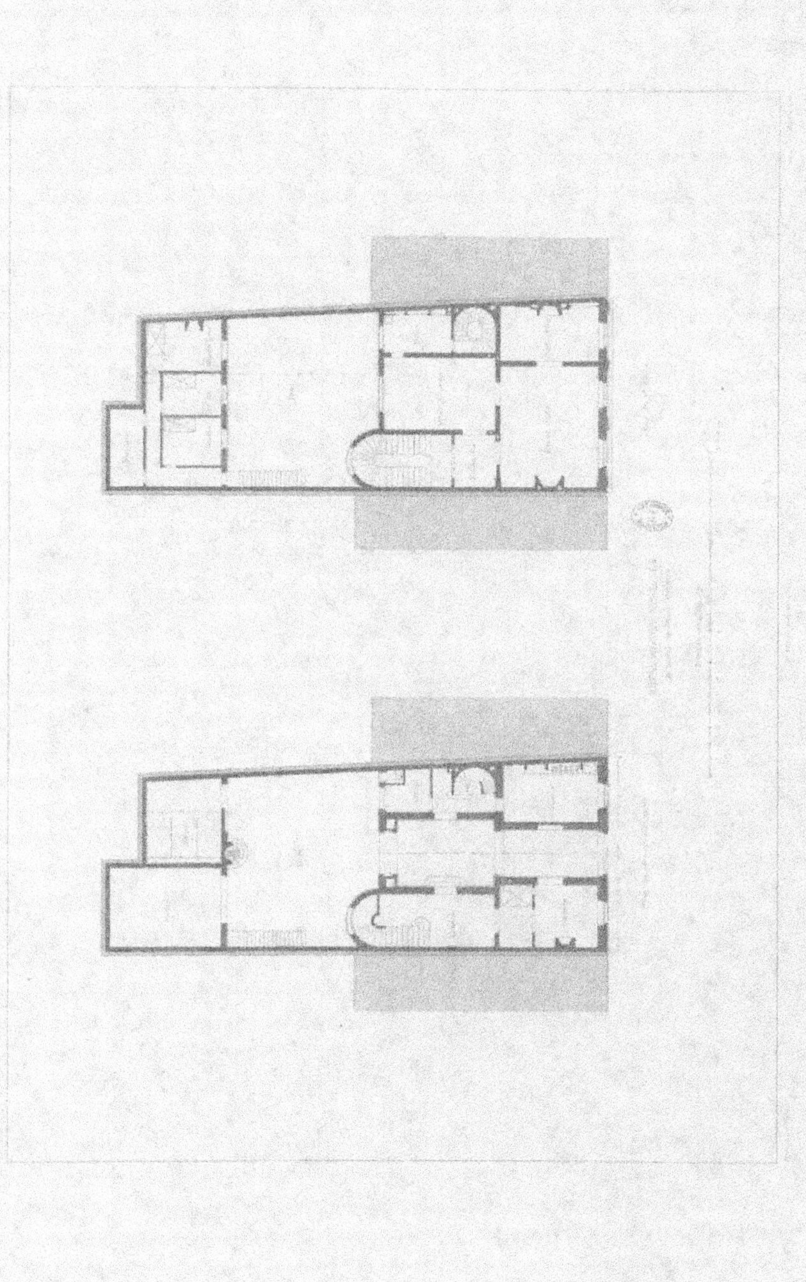

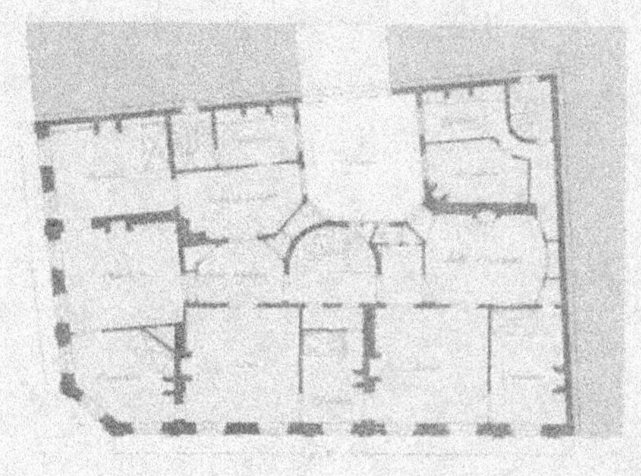

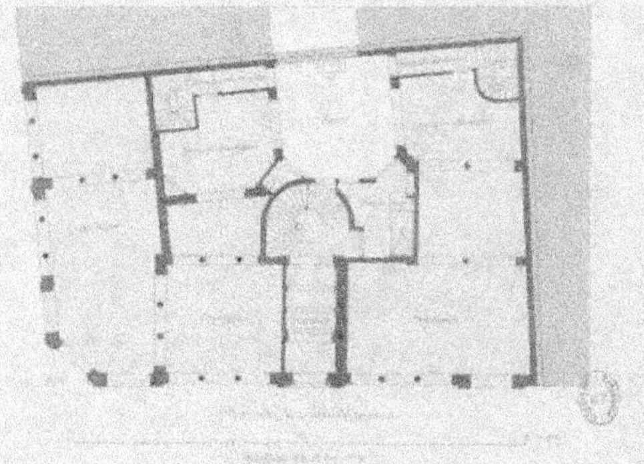

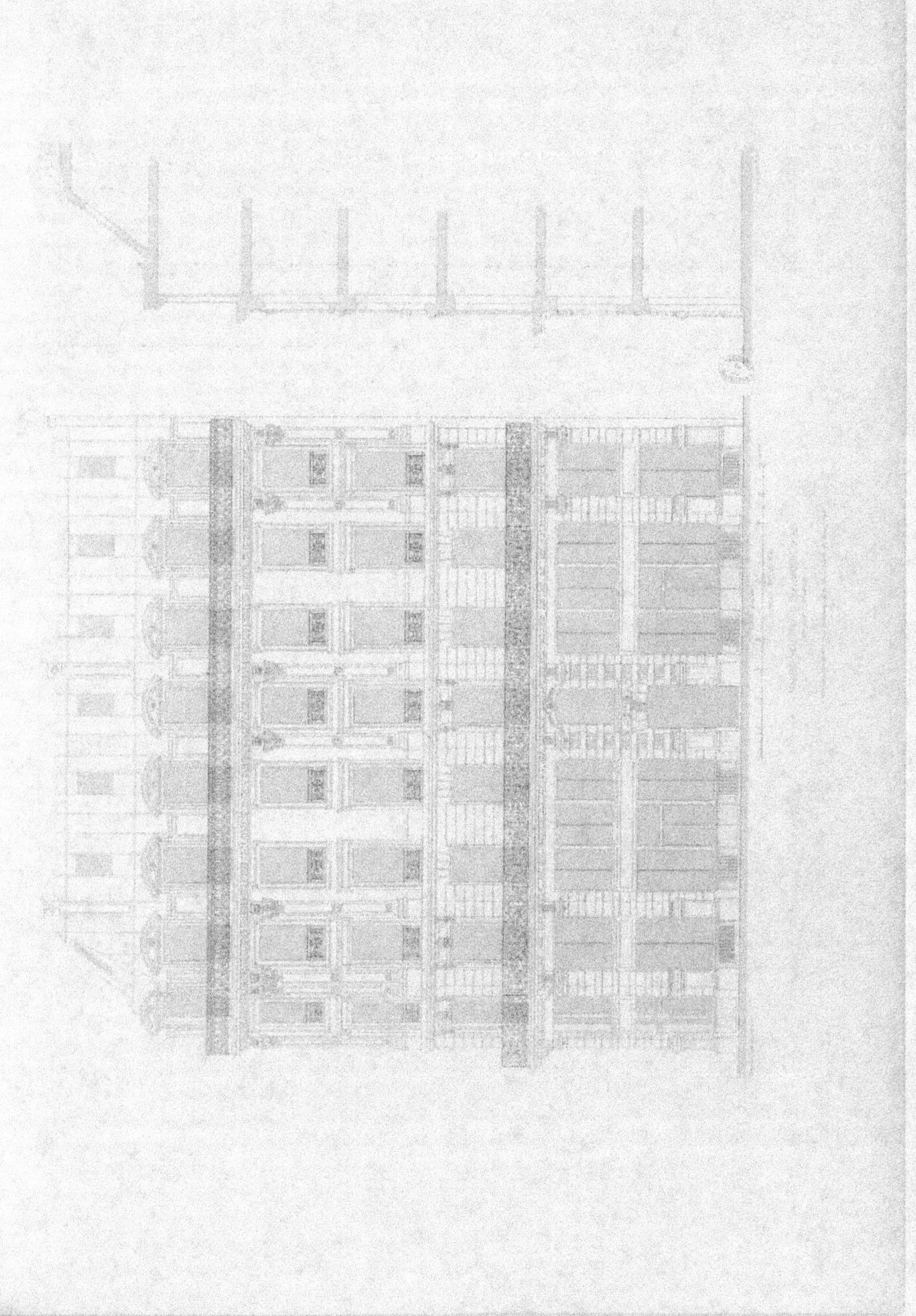

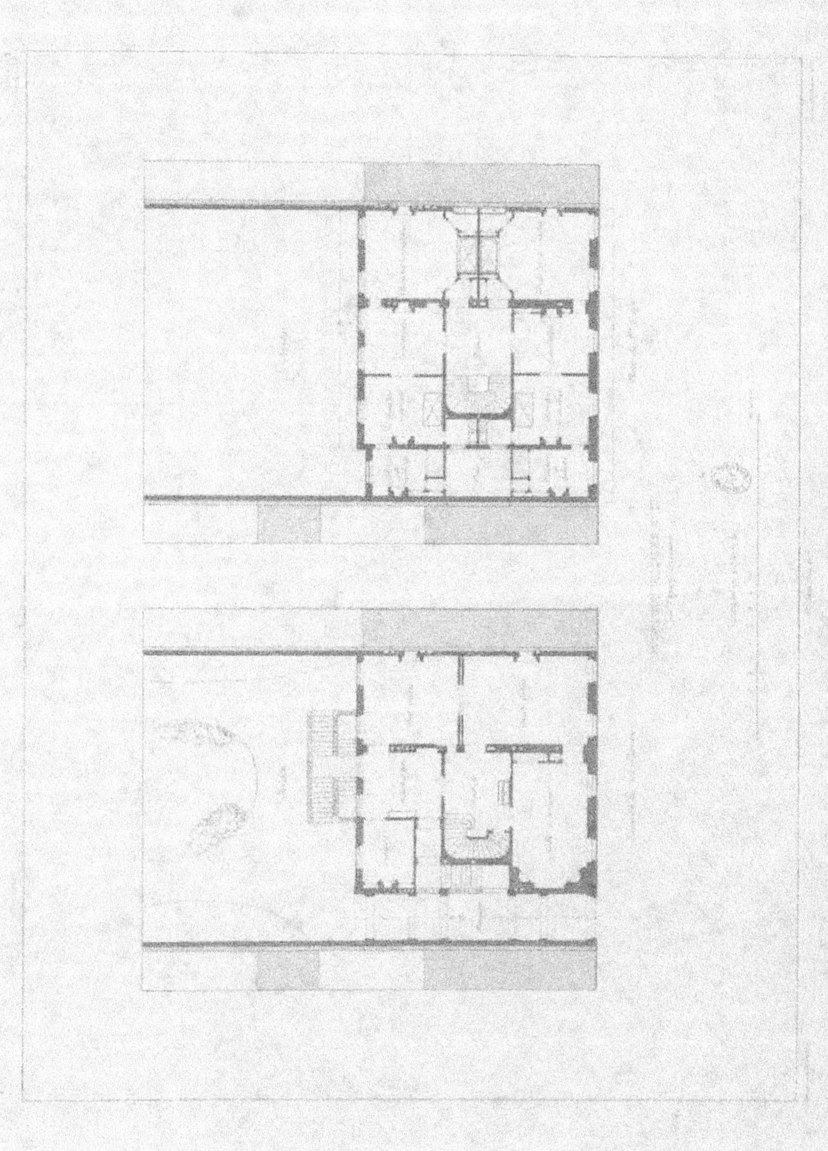

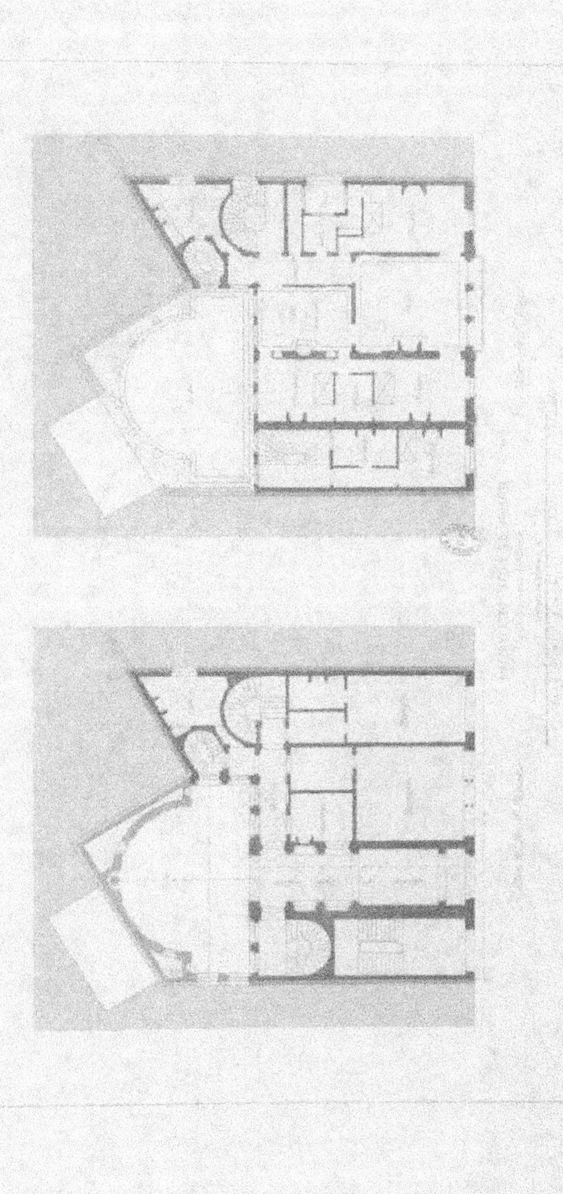

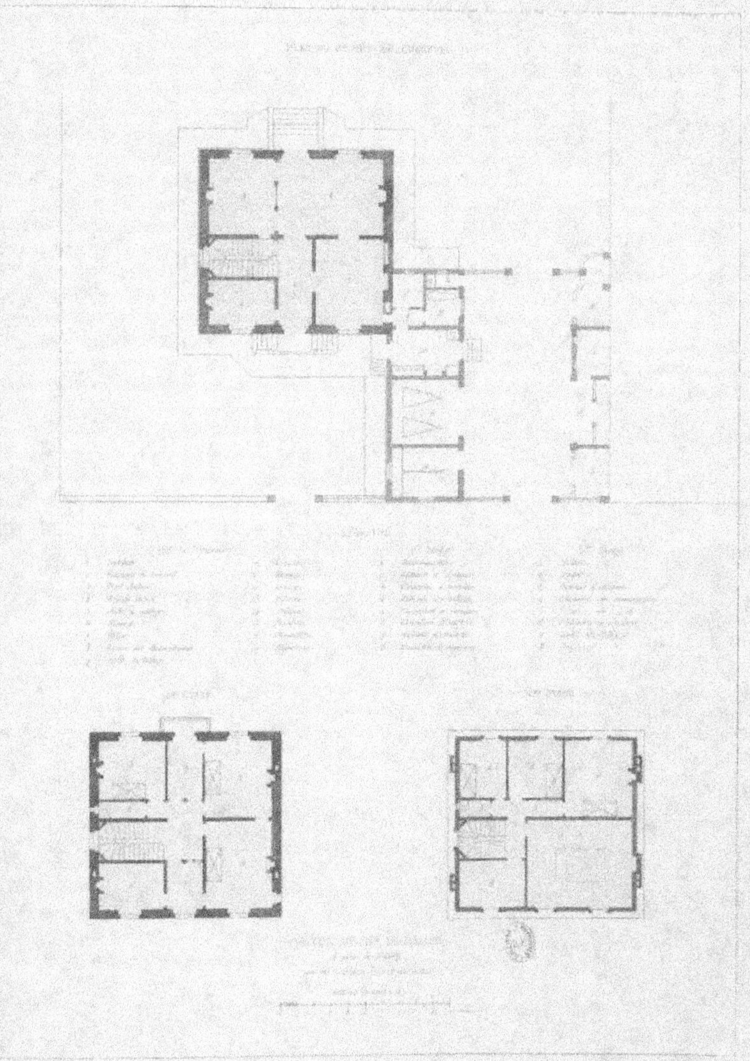

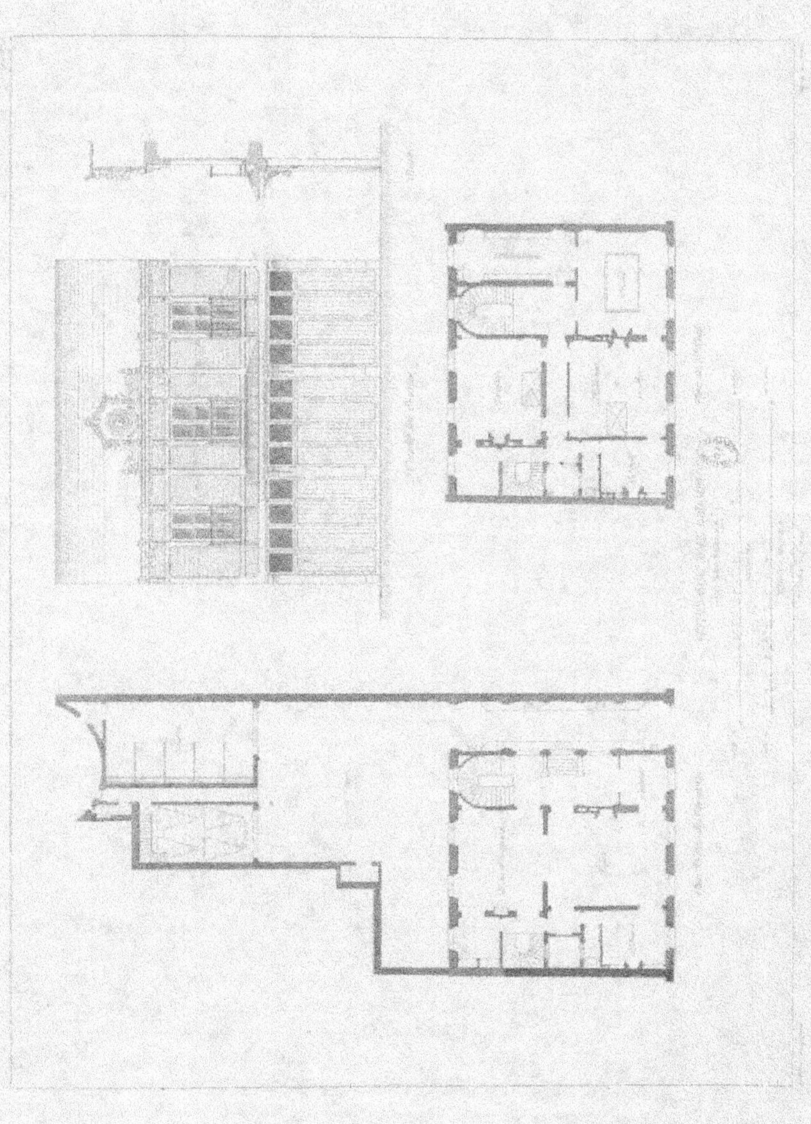

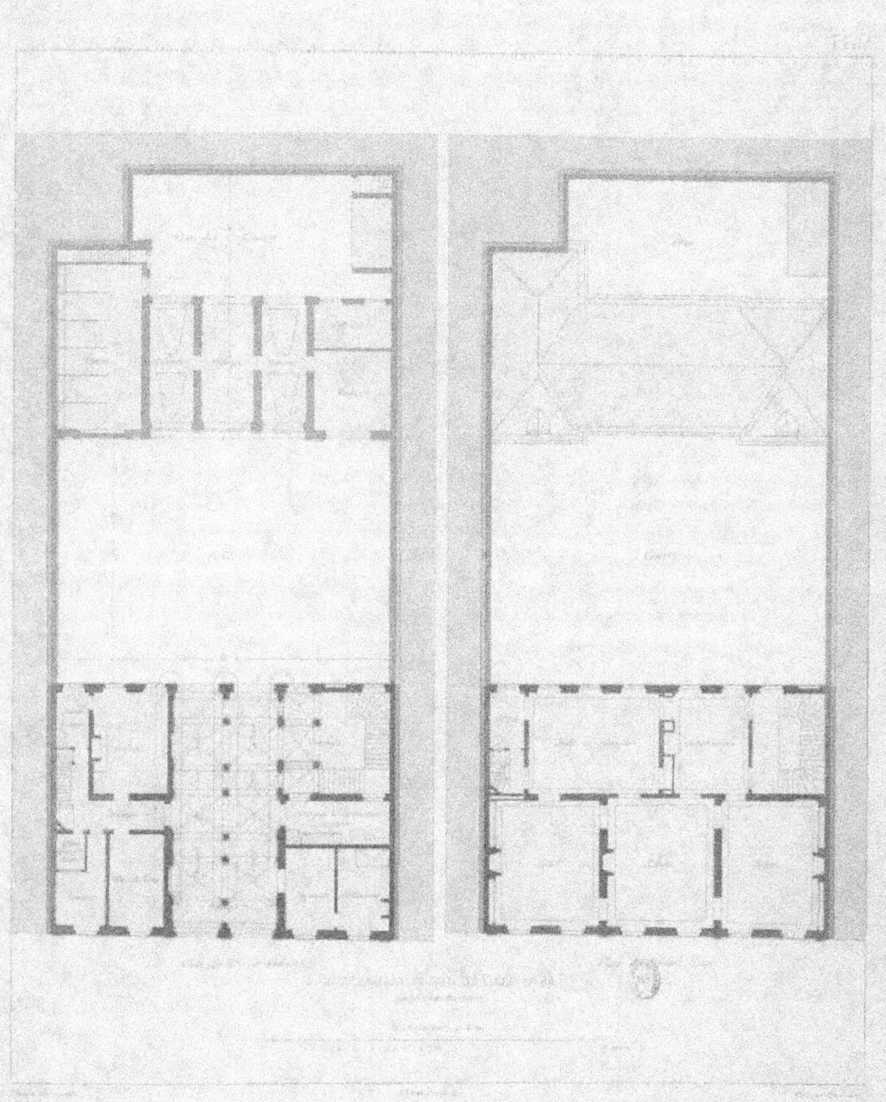

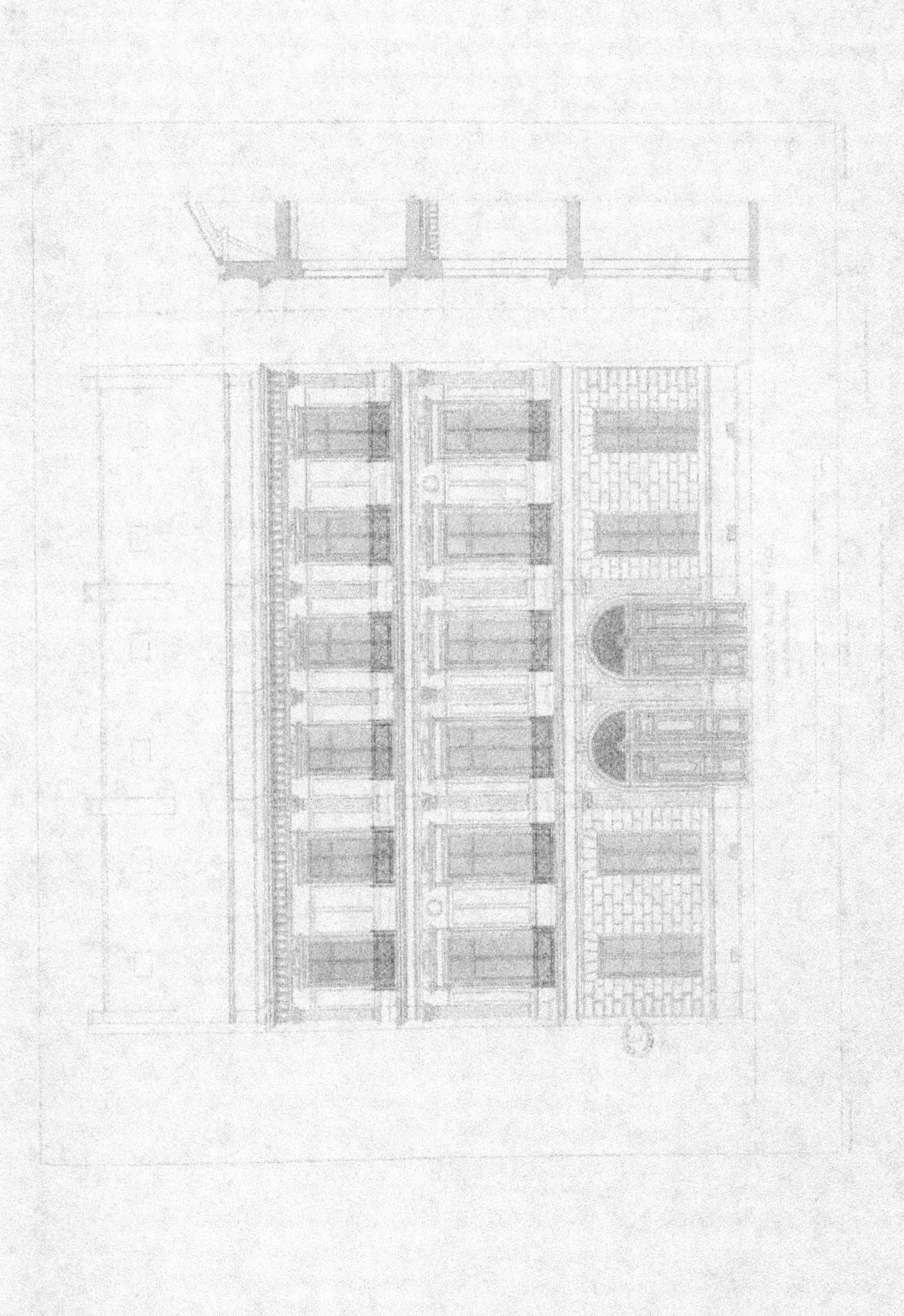

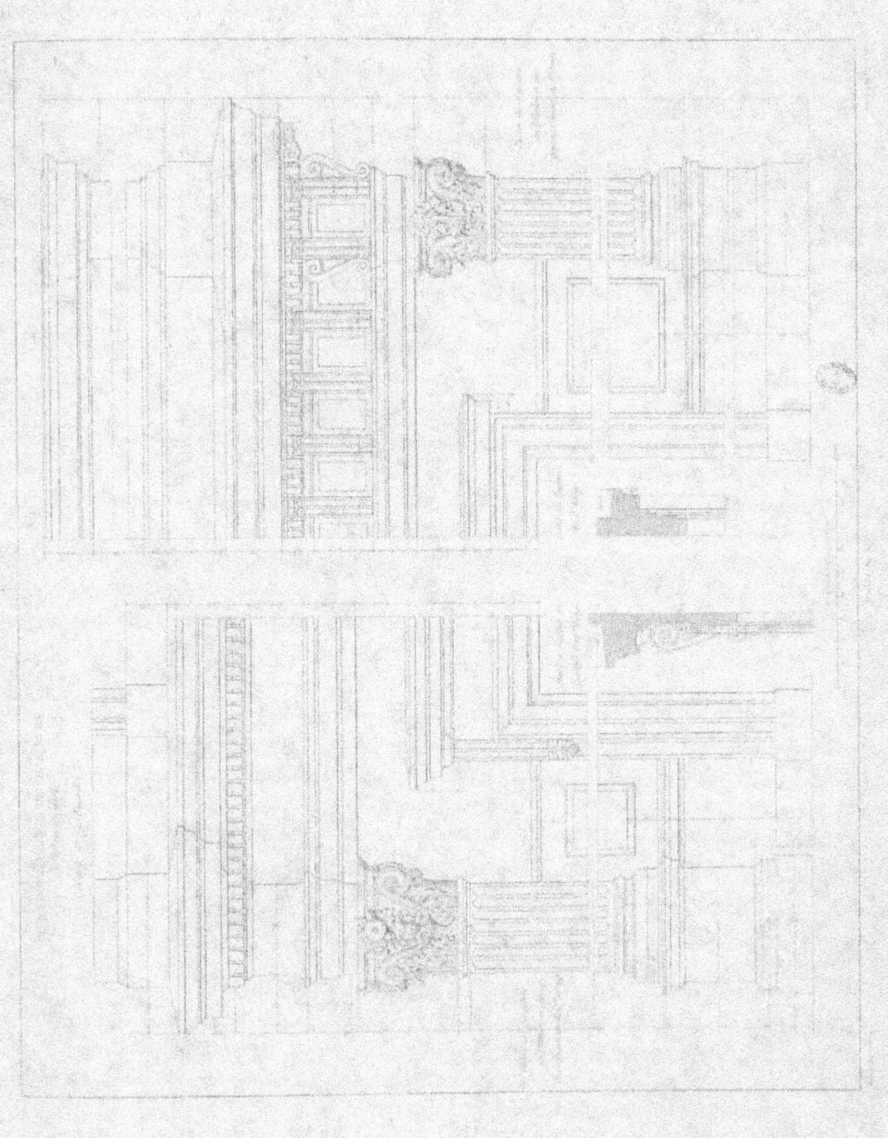

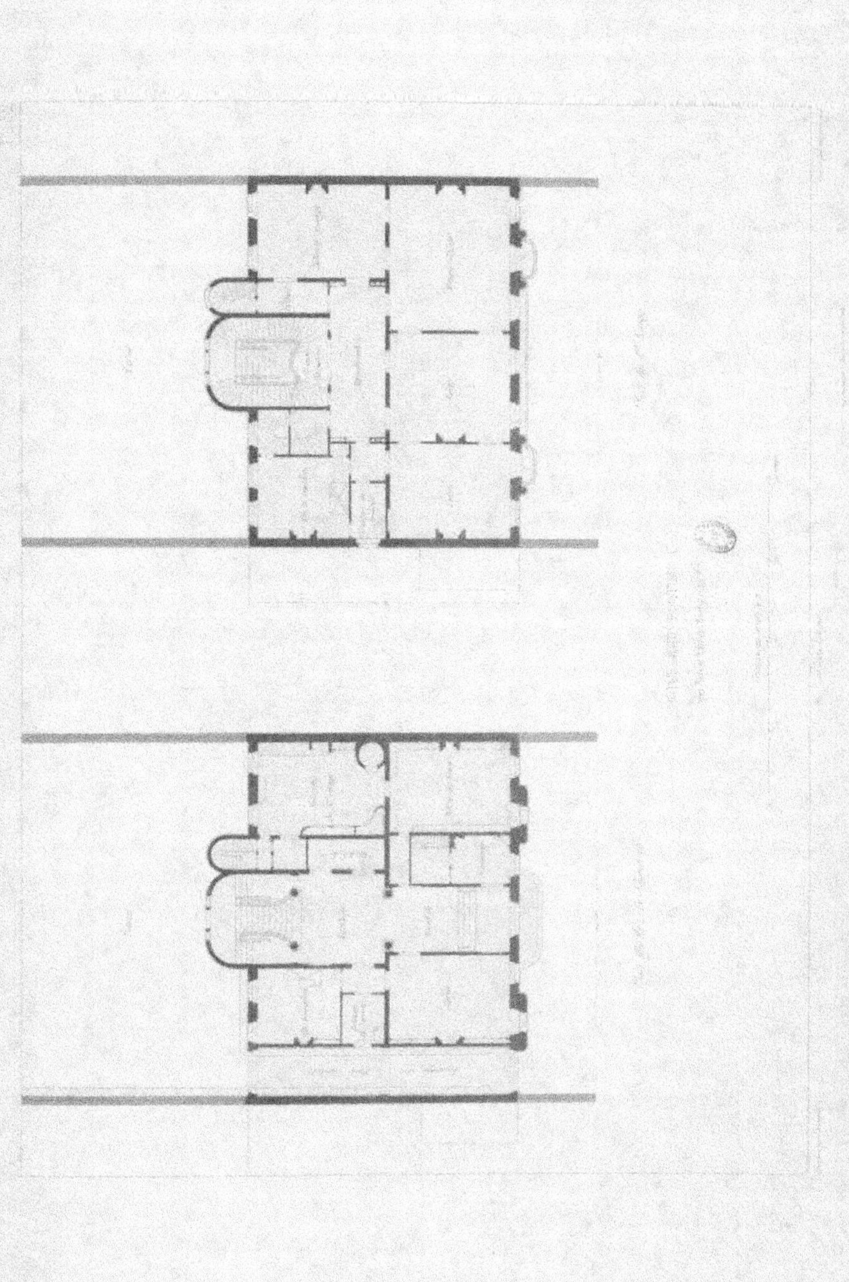

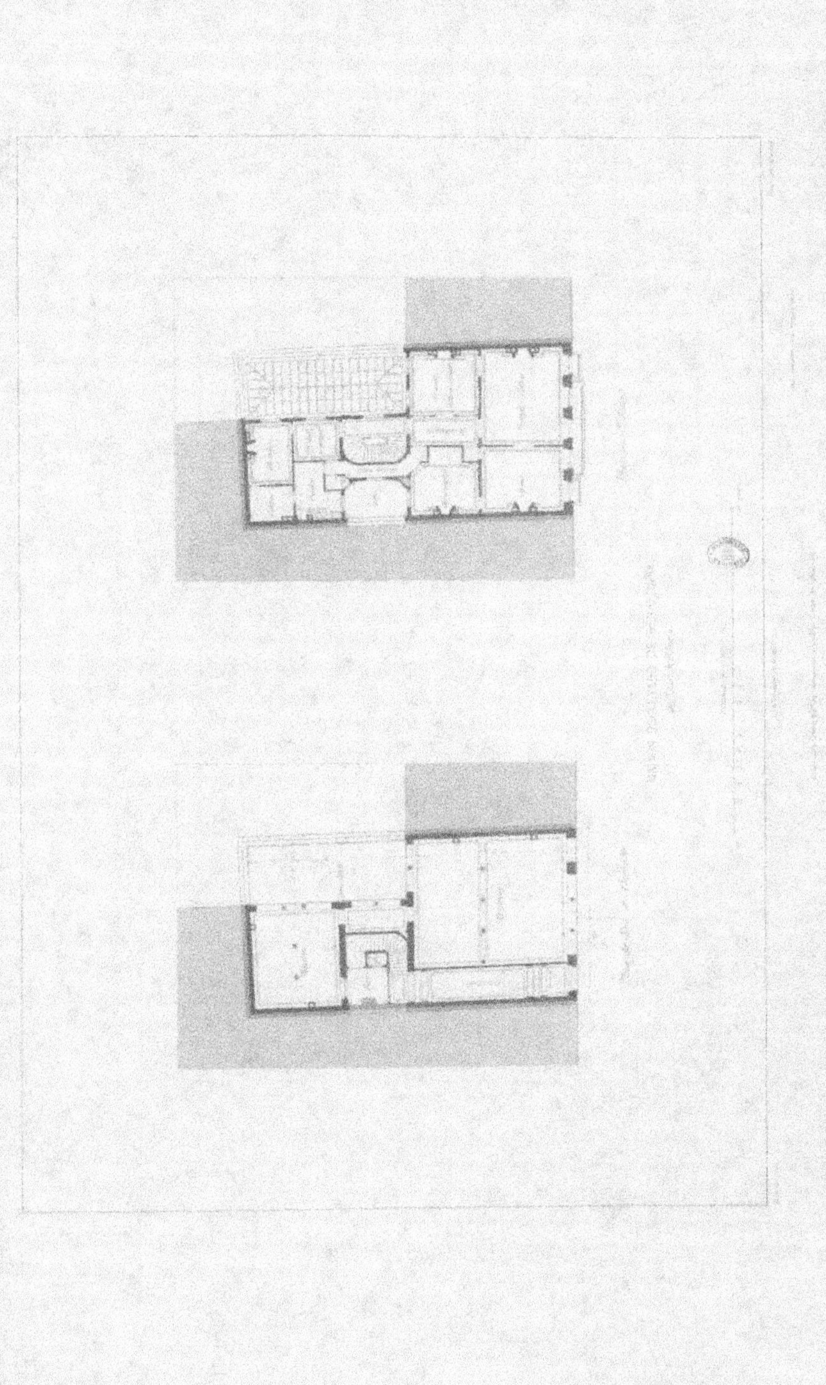

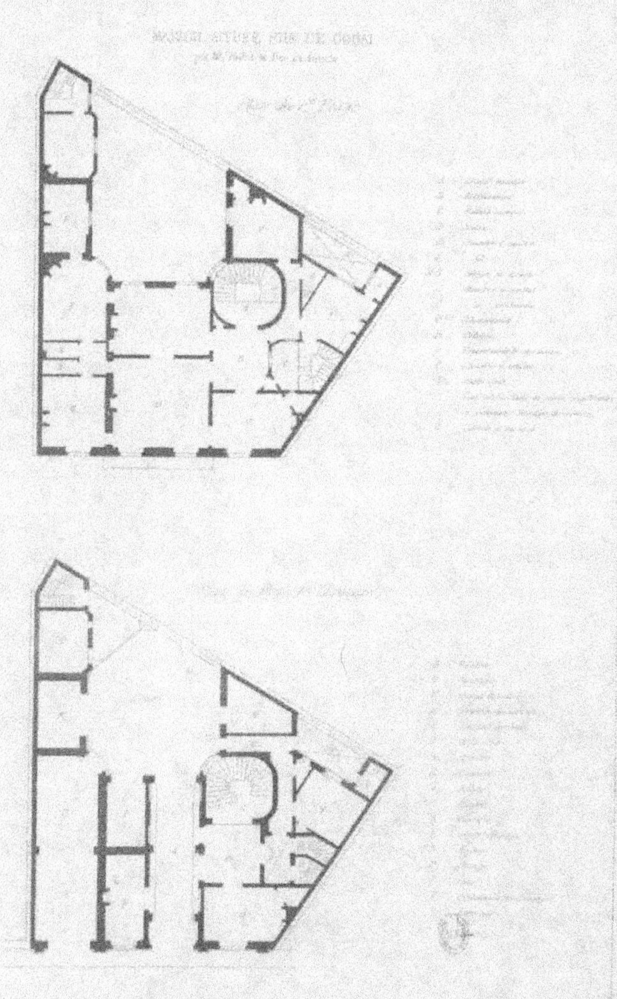

Pl. 61.

MAISON ... RUE DE DIJON
DÉTAILS DE LA FAÇADE
Entrée

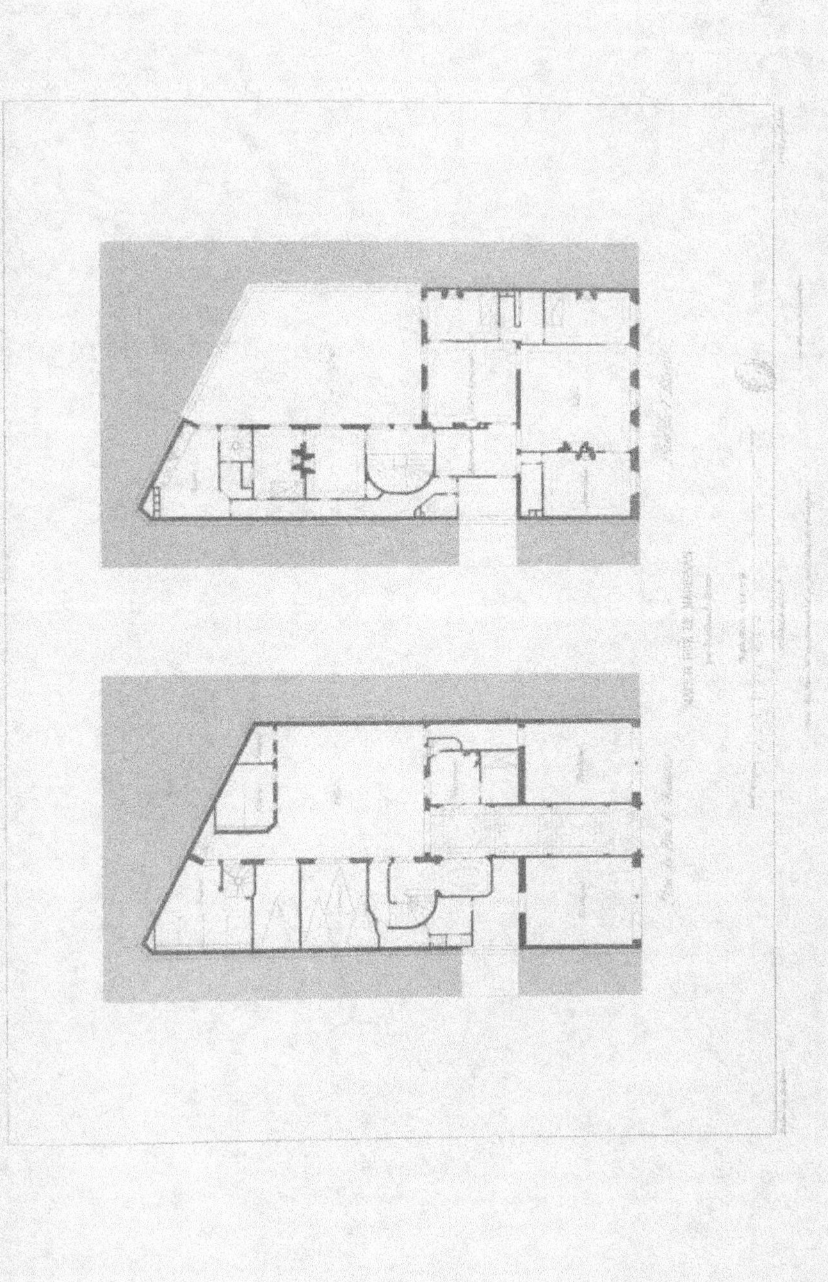

[illegible]

[illegible]

[illegible]

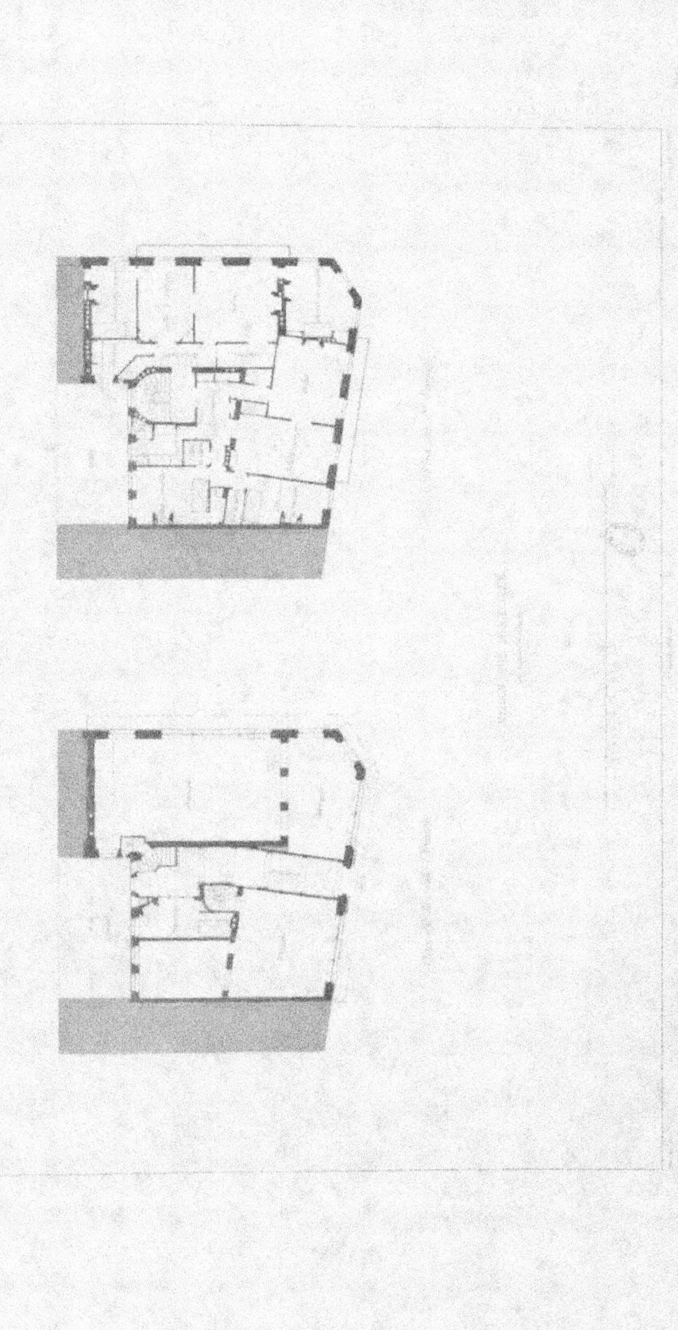

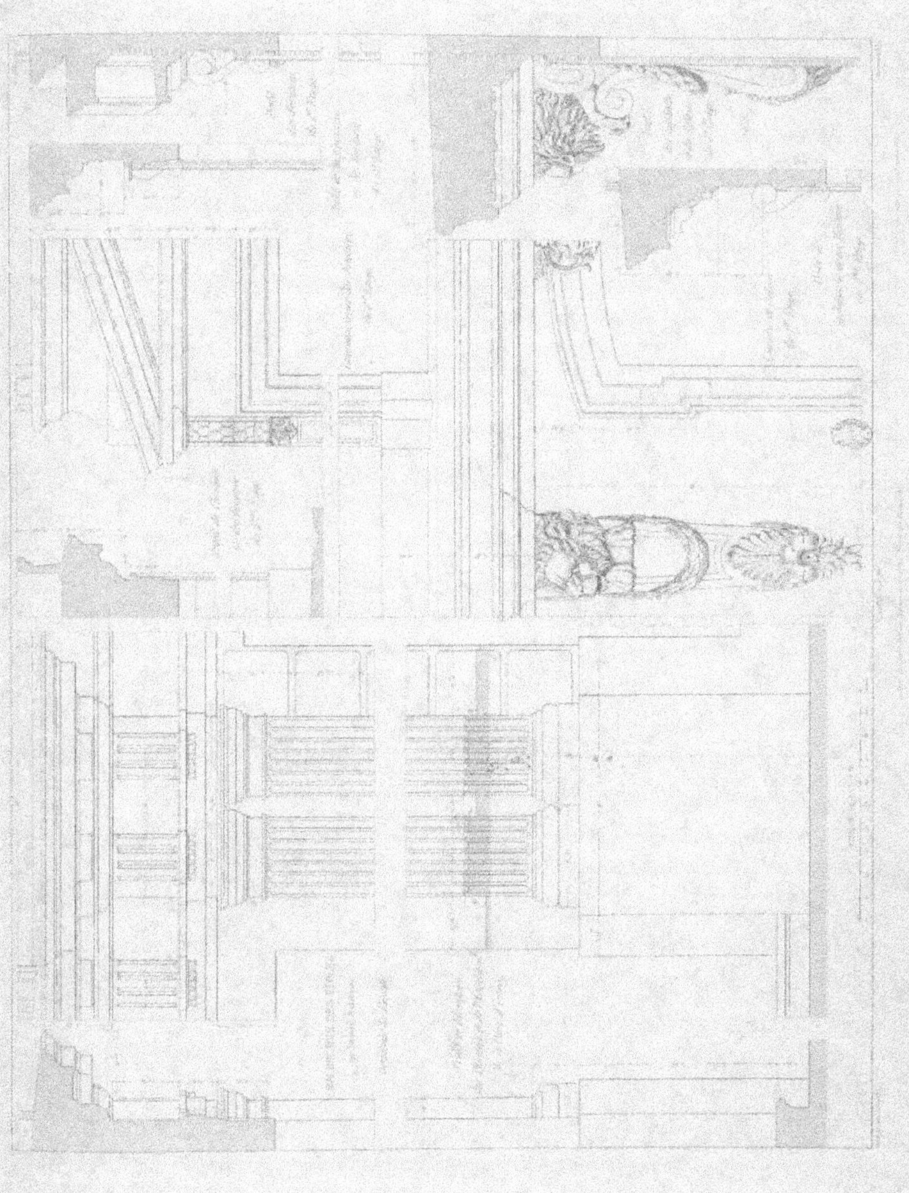

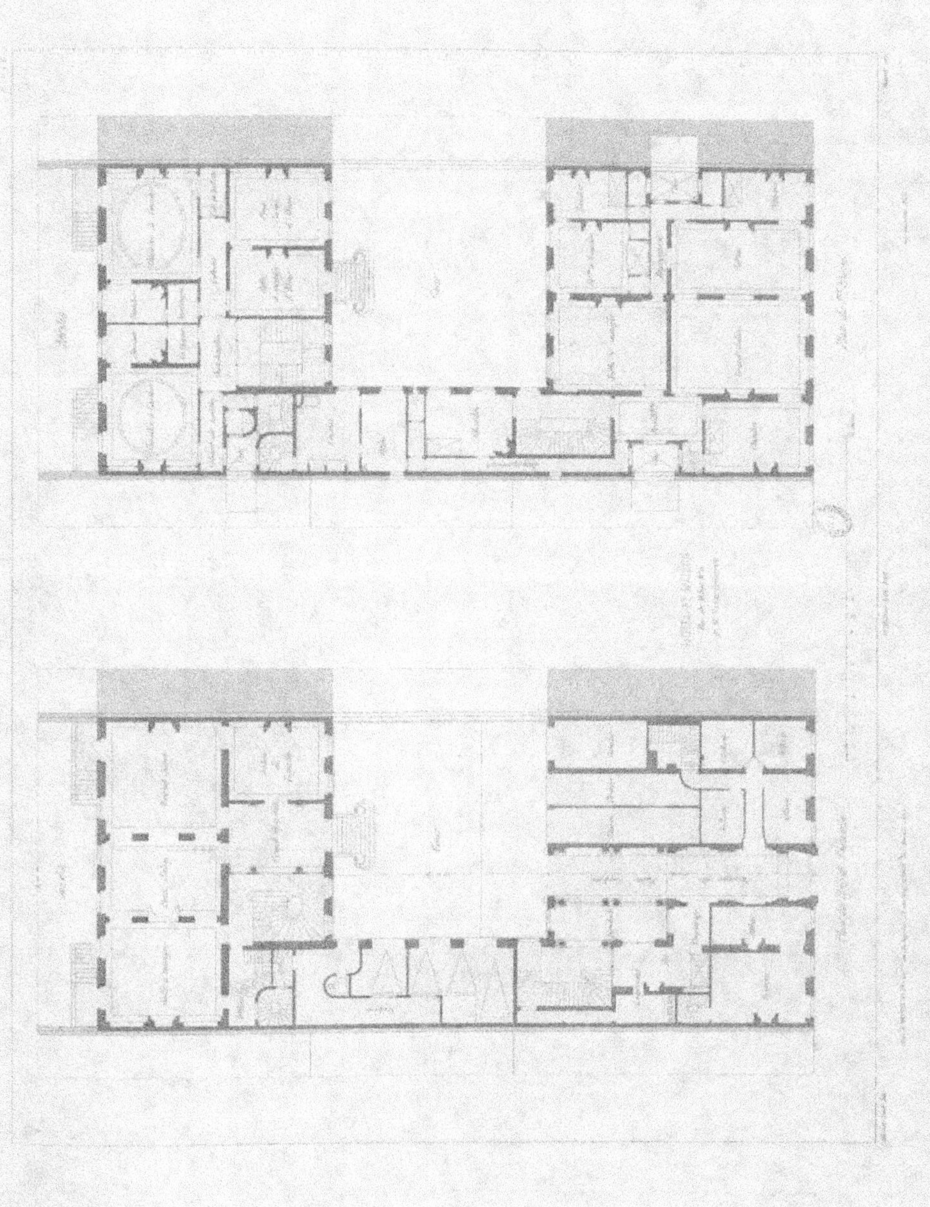

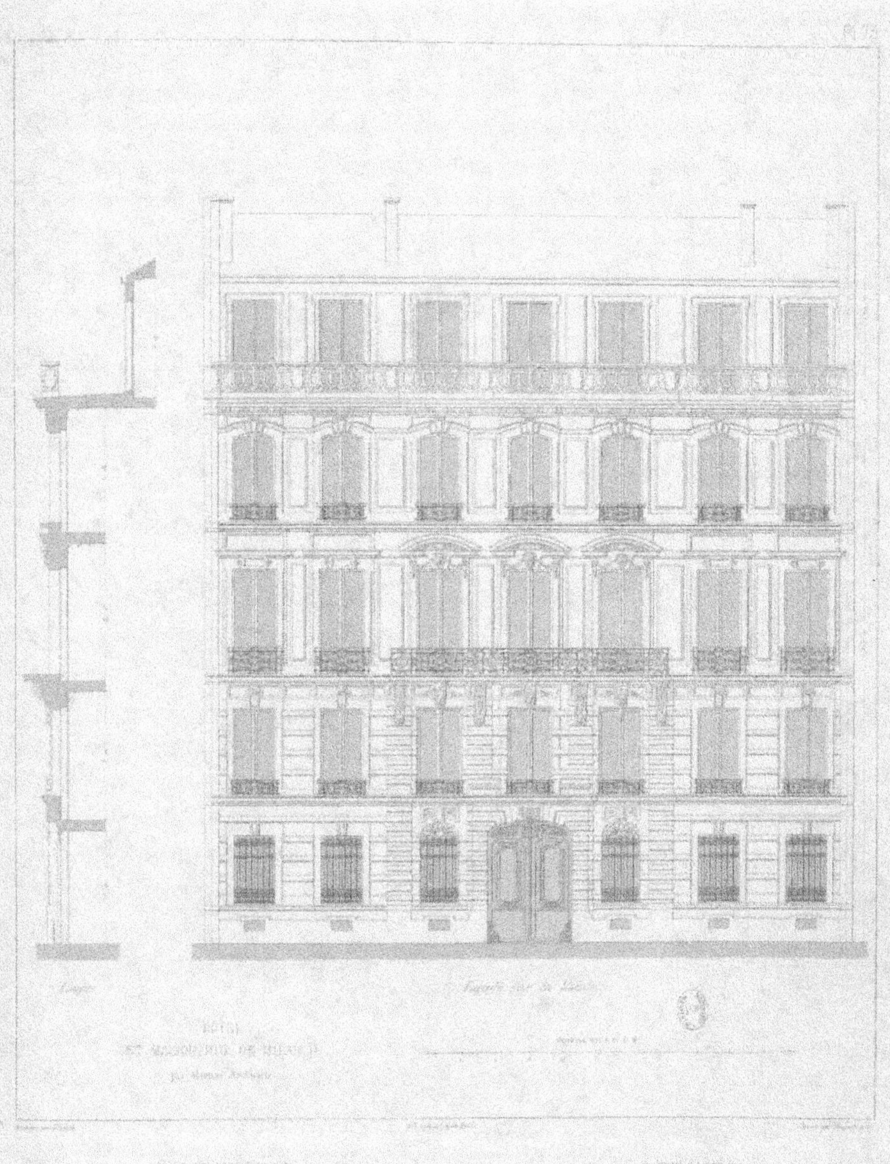

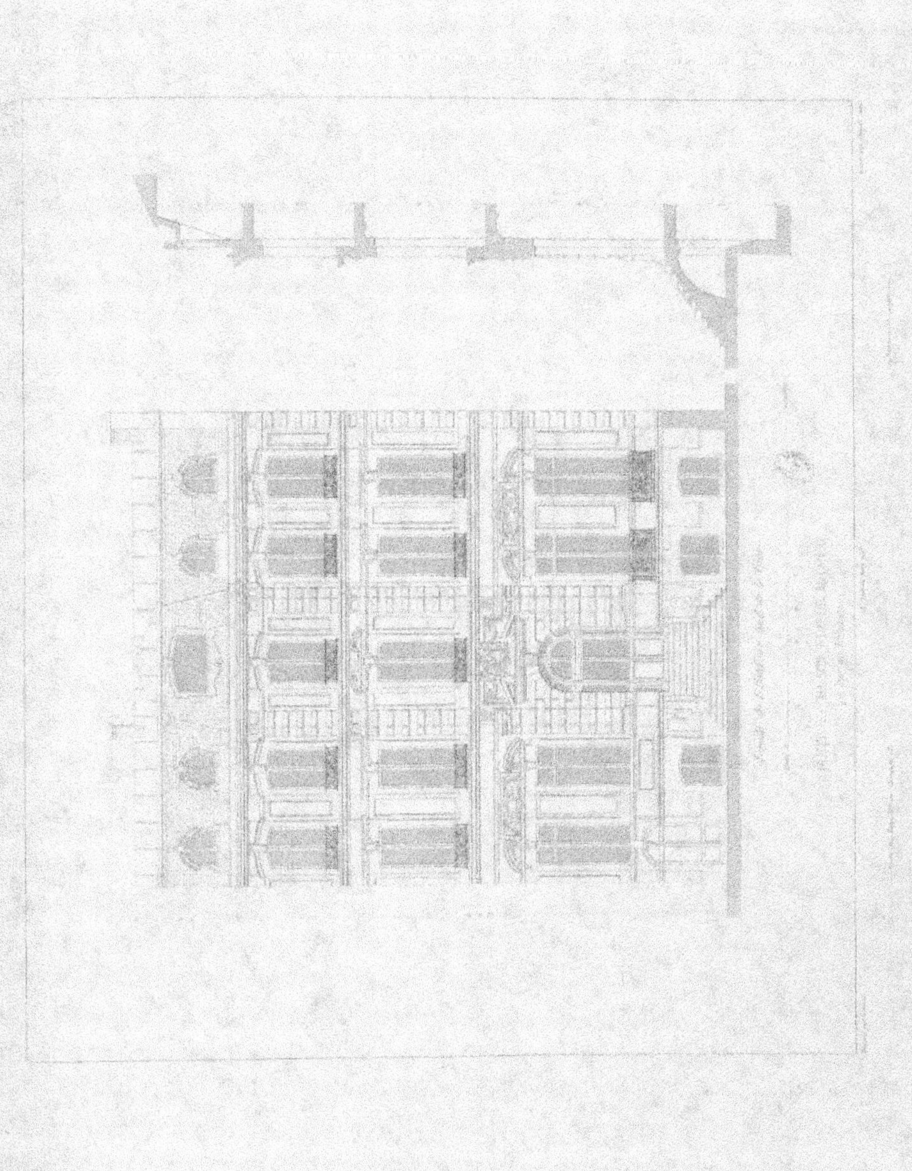

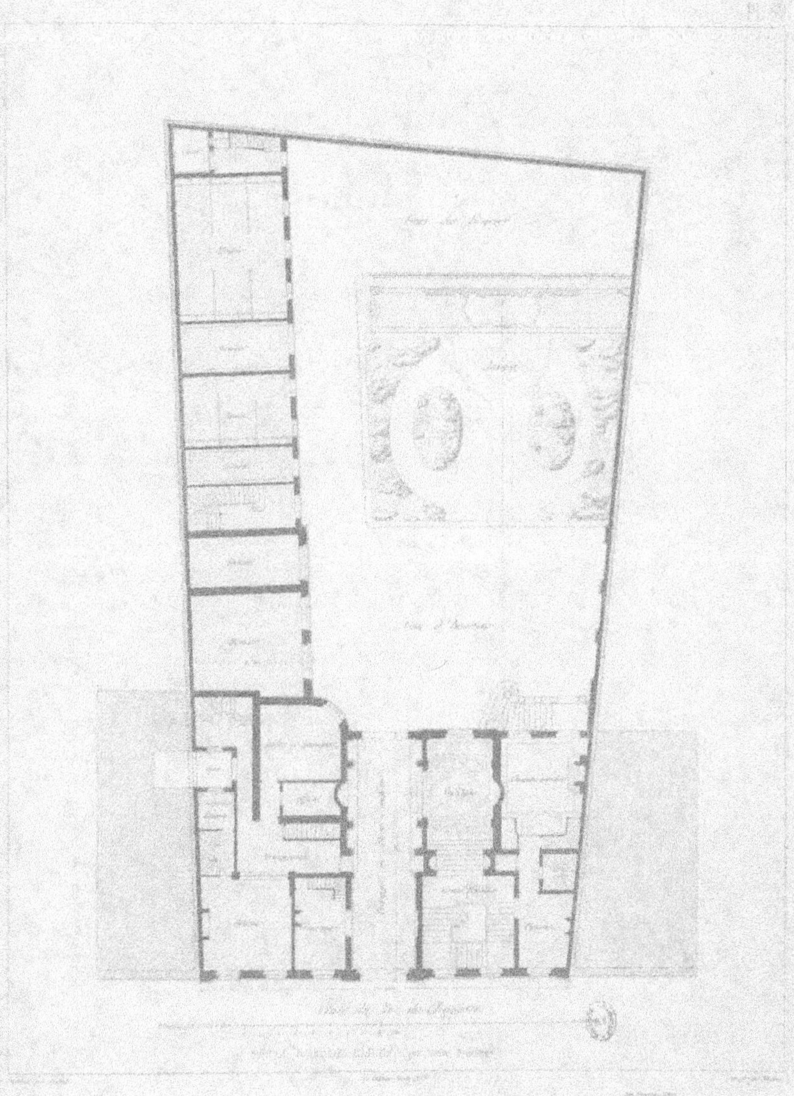

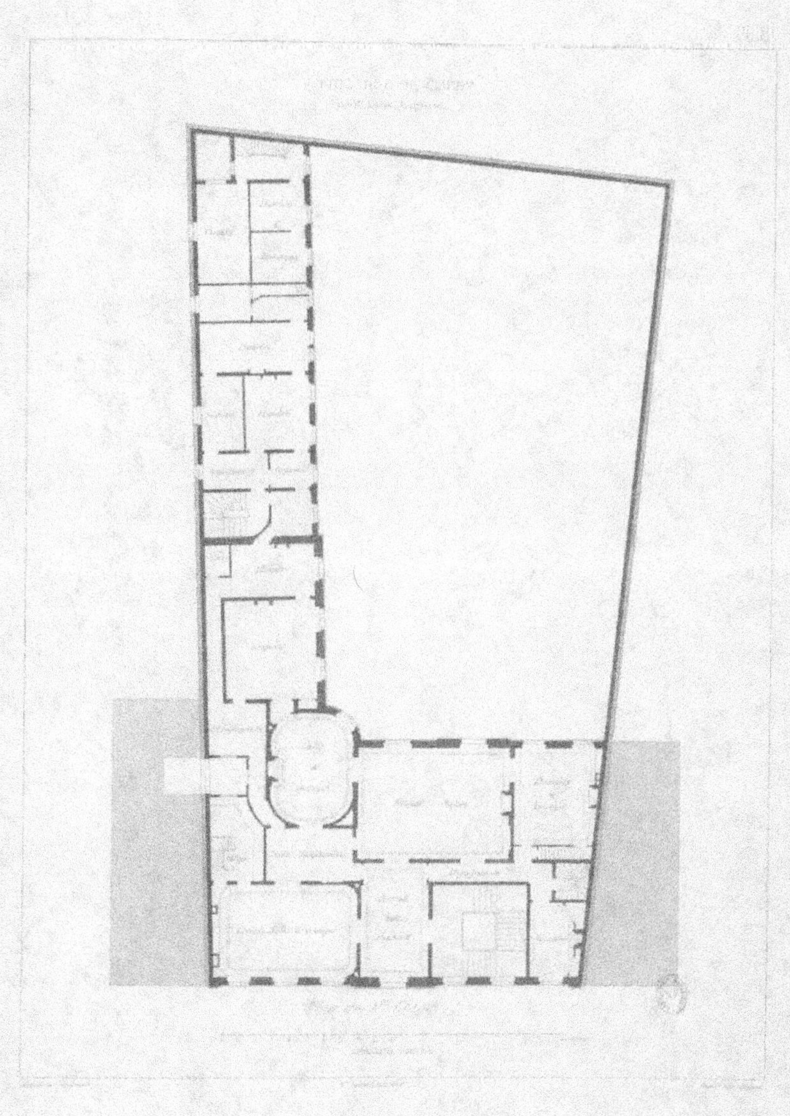

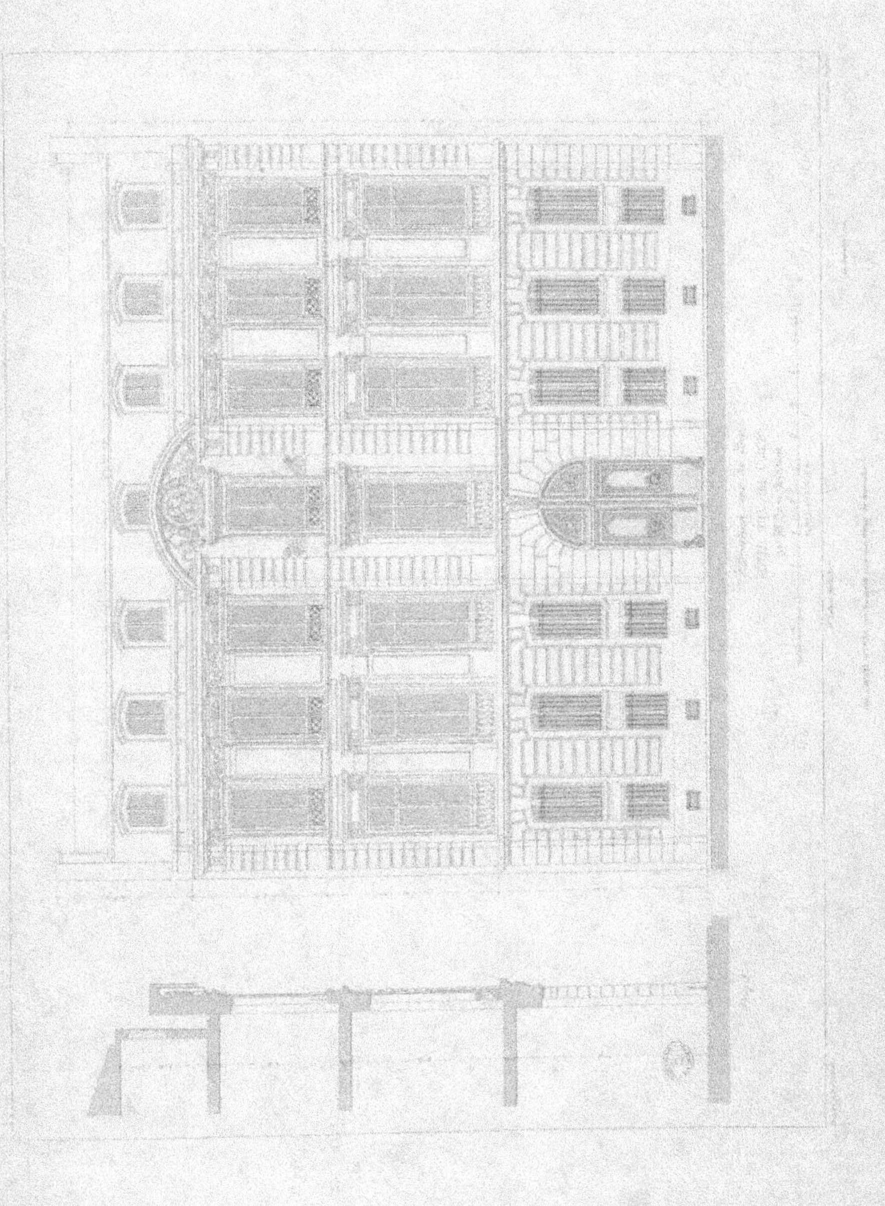

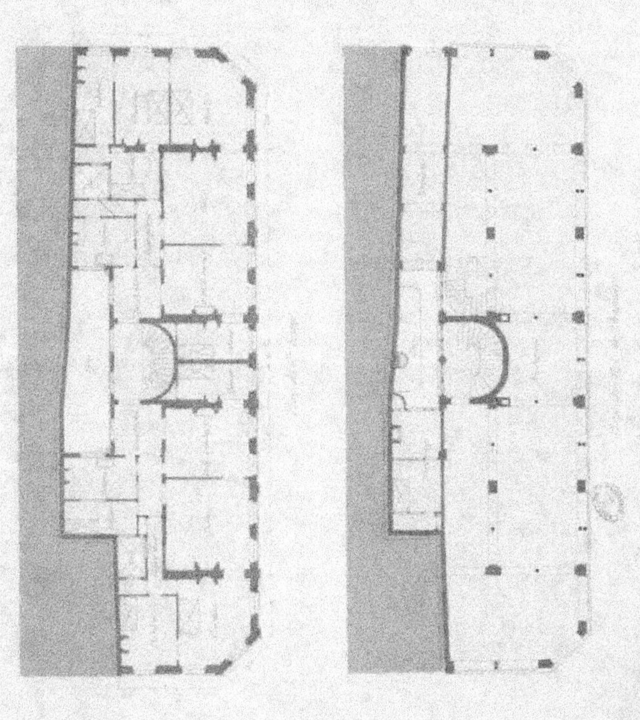

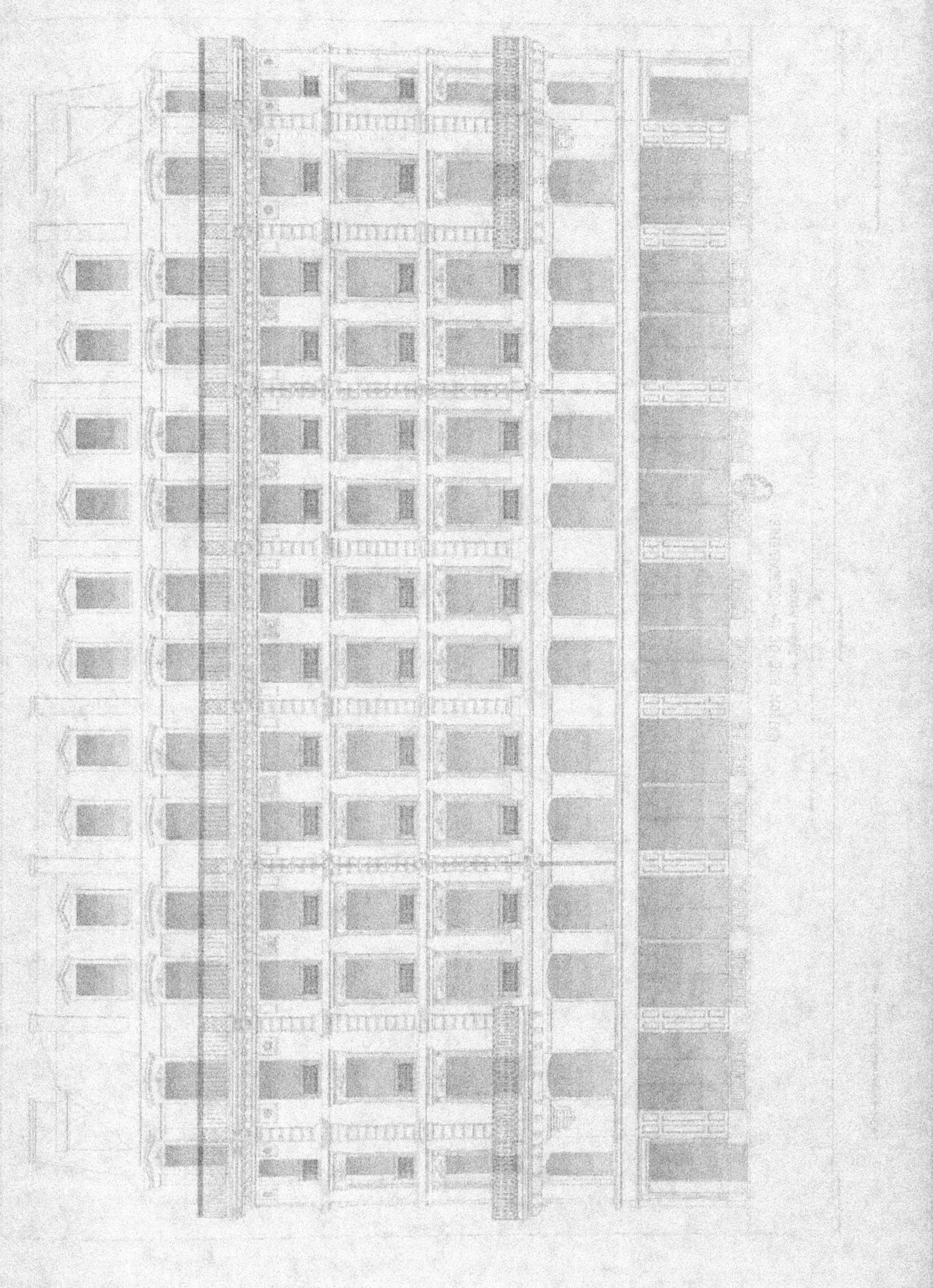

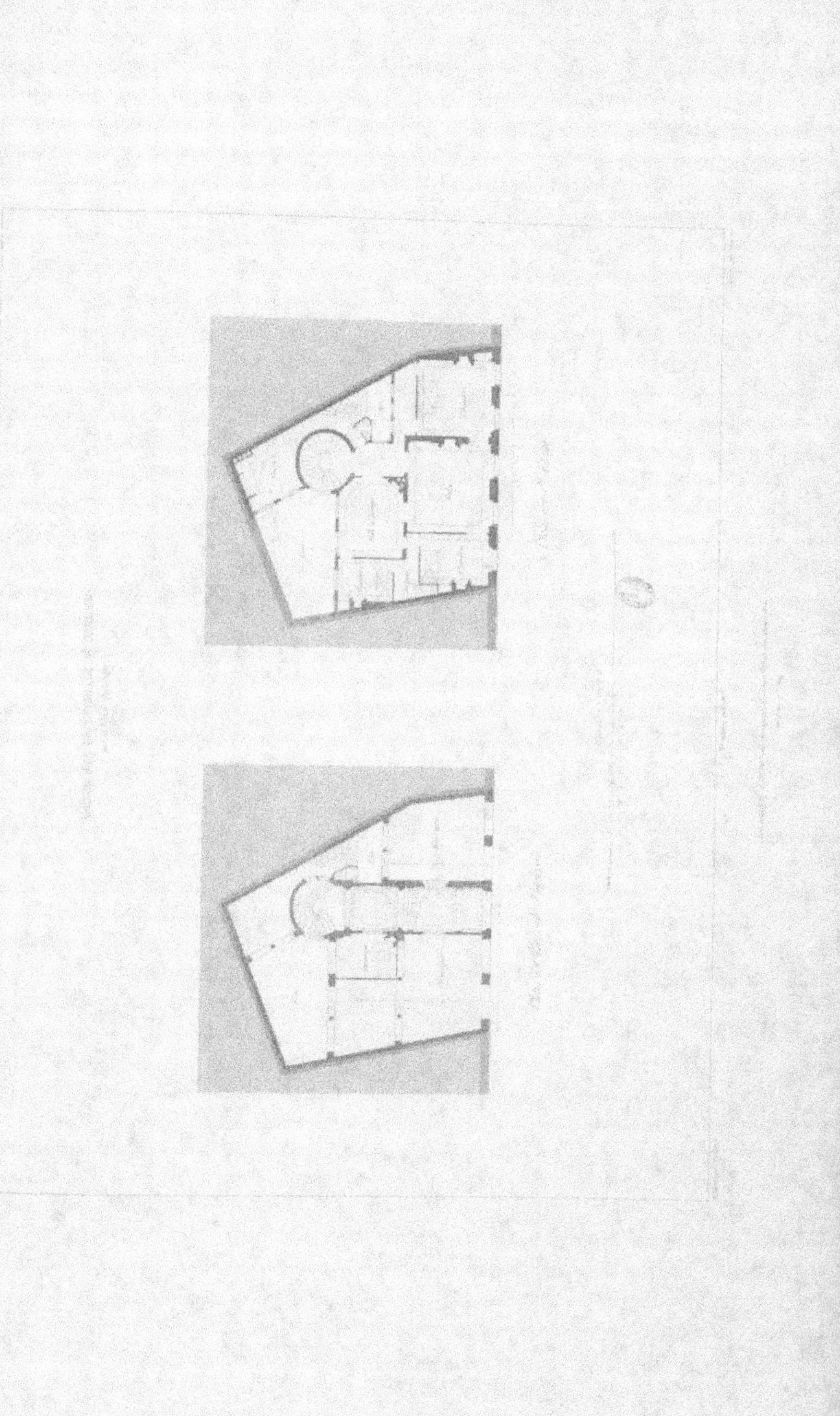

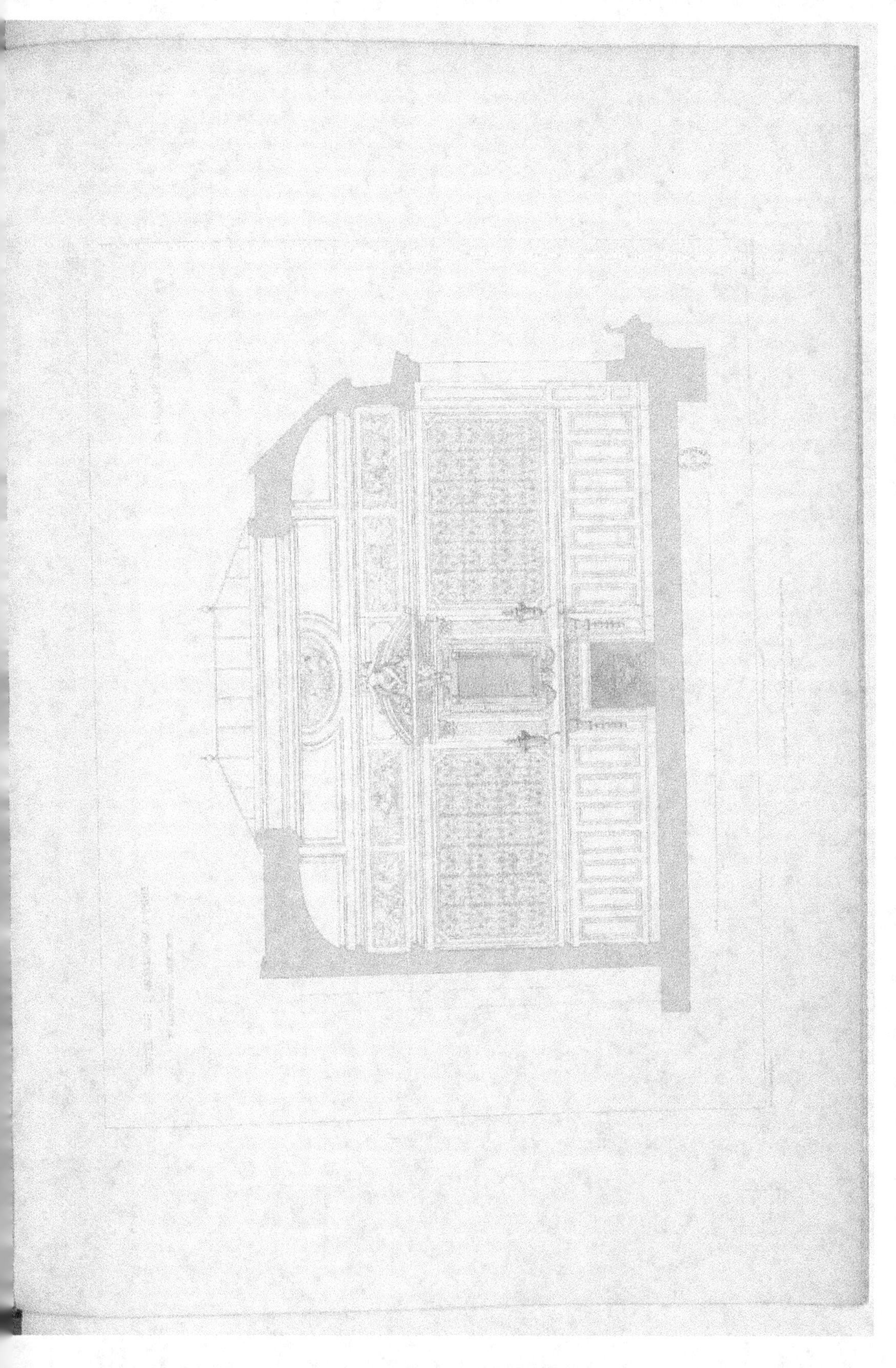

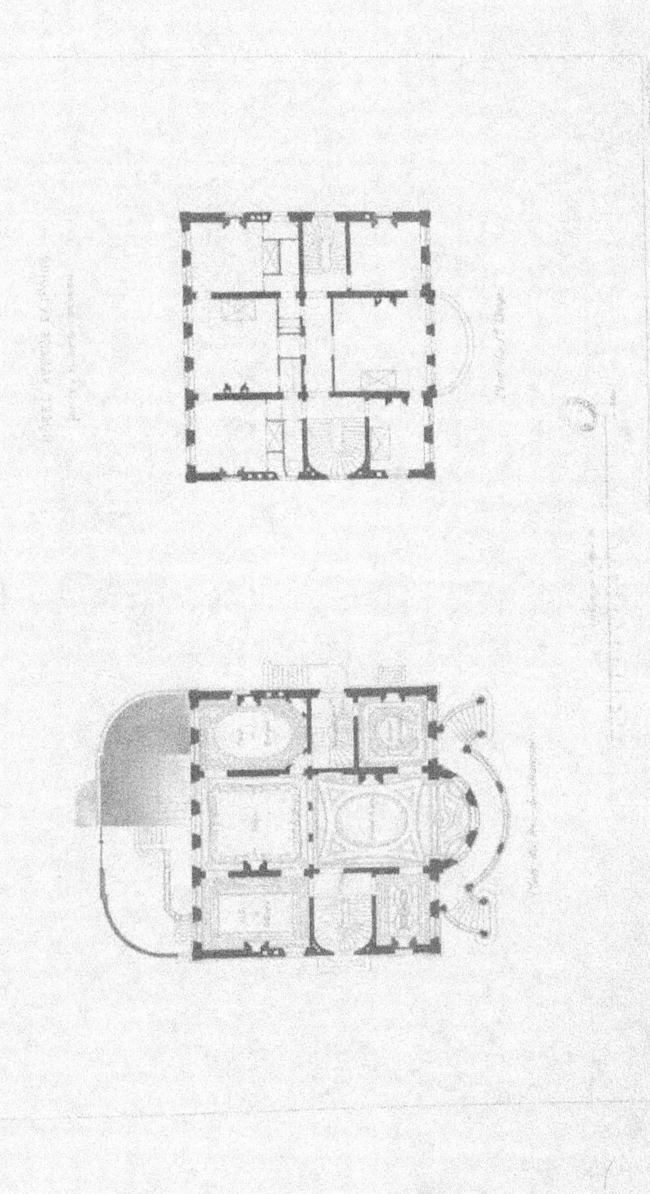

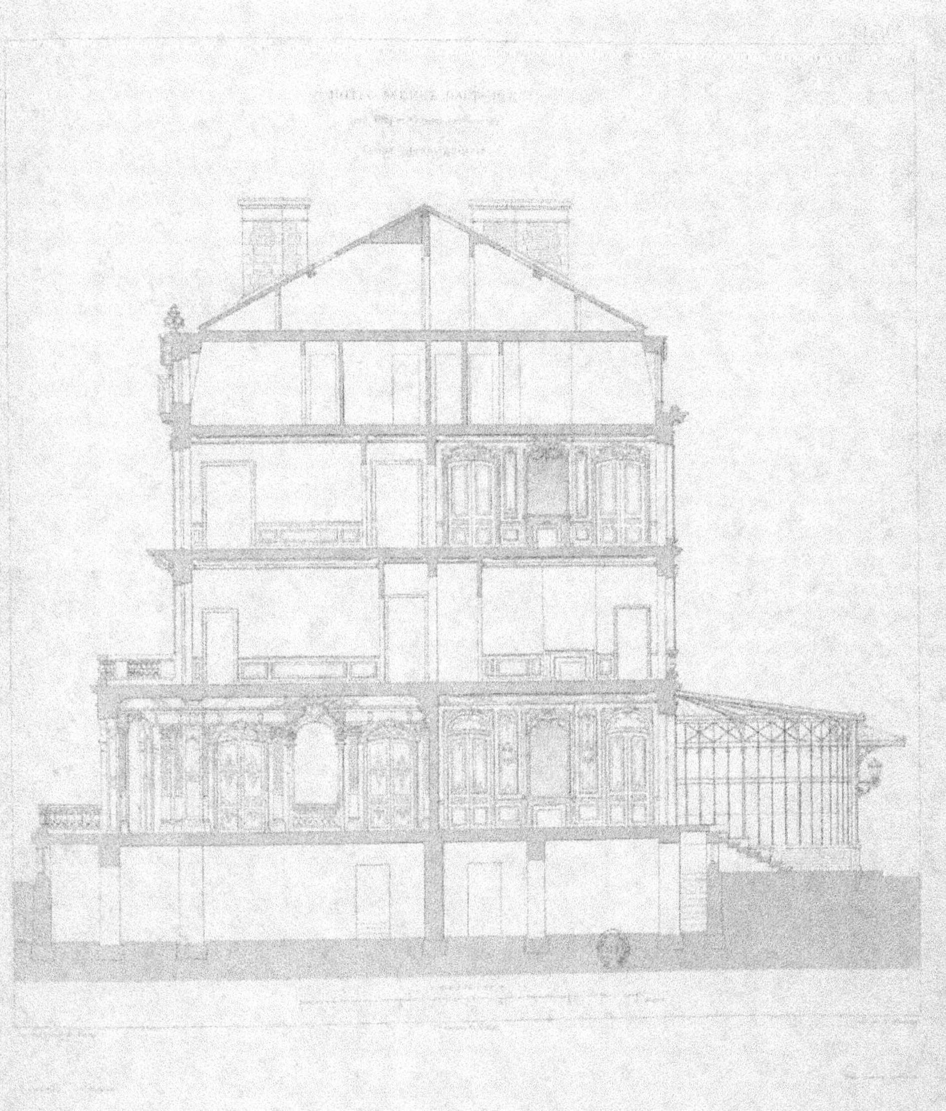

Couronnement
du 2.me étage

HOTEL AVENUE GABRIELLE
Façade sur le Jardin
Hôtel du Bois-de-Boulogne

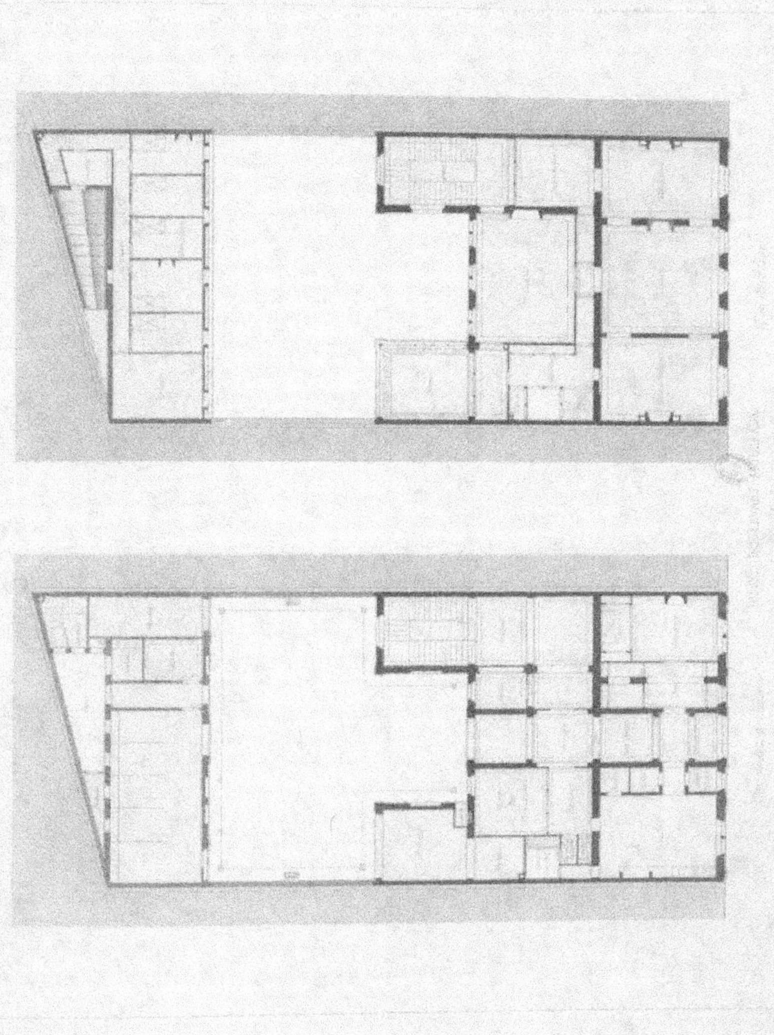

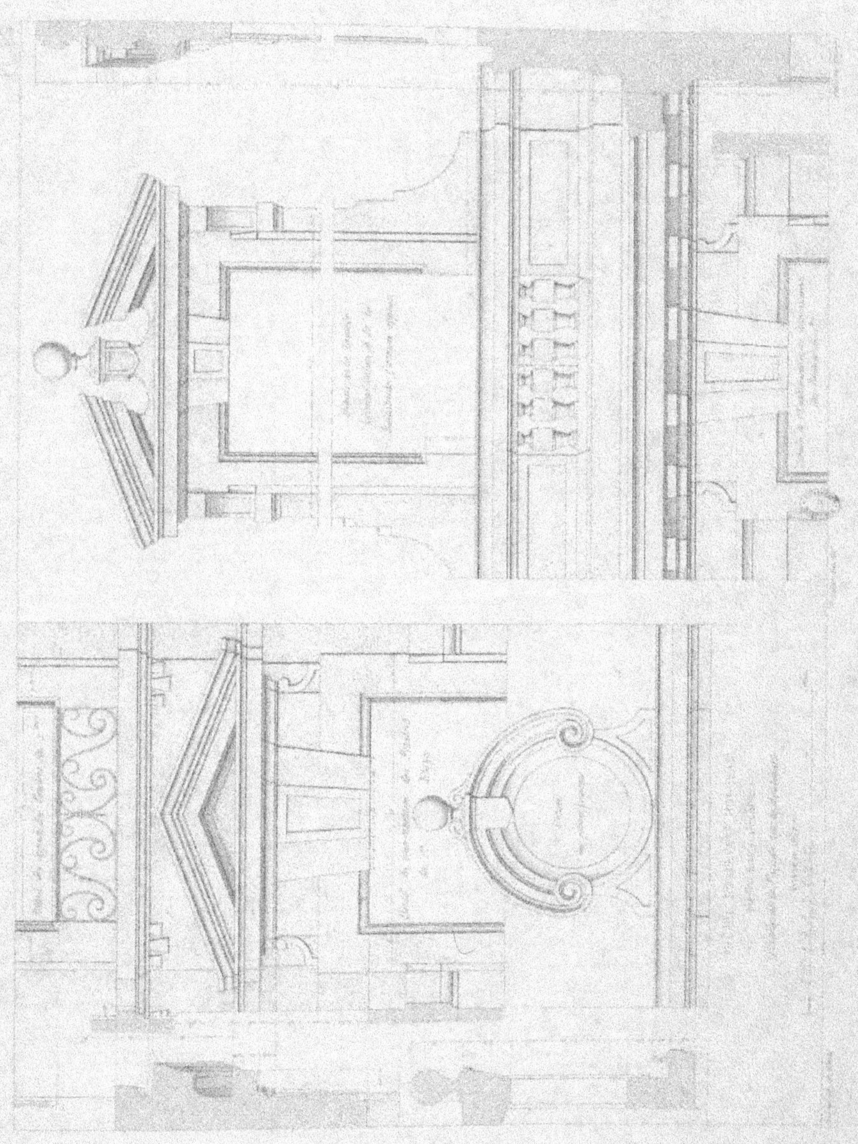

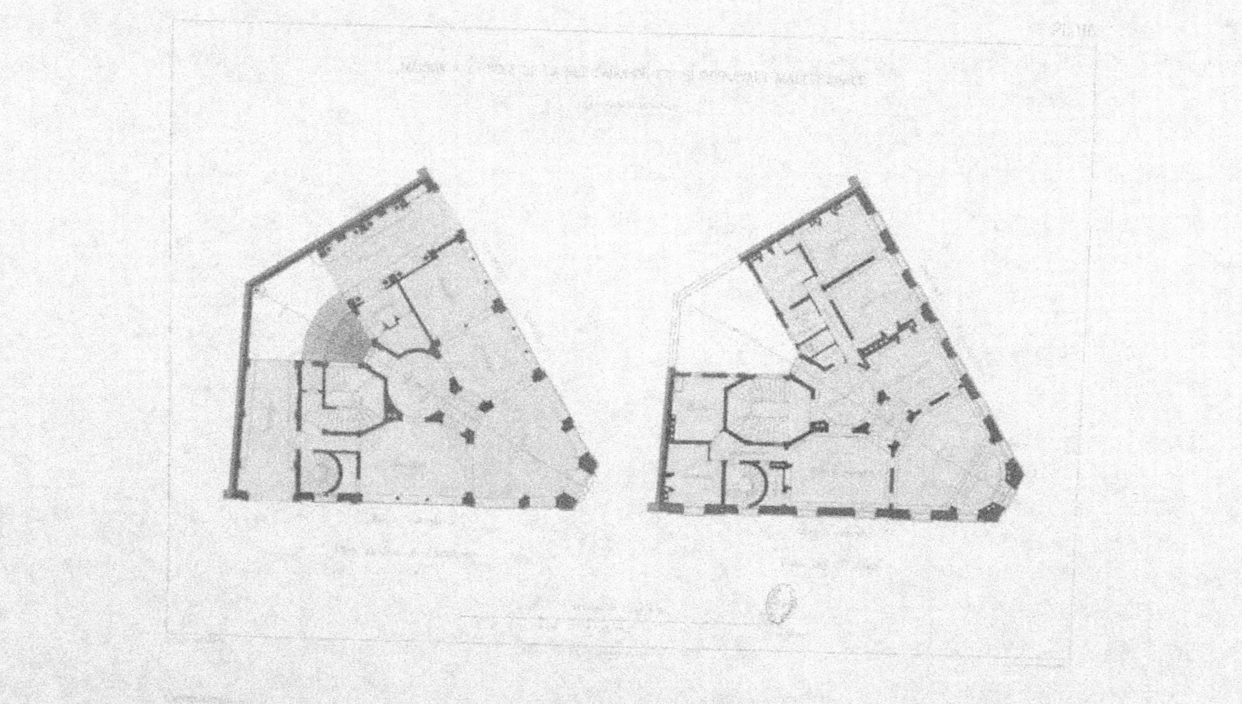